エベレスト、登れます。

国際山岳ガイド
近藤謙司

エベレストの順応のために登るアイランドピーク（6,160m）越しに見える朝日。

チョー・オユーのベースキャンプにて準備中。あったかい日。

2011 年。エベレストのベース・キャンプに
「PRAY FOR JAPAN」の旗を掲げて。

2011 年。エベレスト側（本書の中で僕は、チベット側からの北ルートをチョモランマ、
南東ルートをエベレストと呼んでいる）のキャンプ1からキャンプ2の間にある、
最後のクレバスを渡る。（ 撮影者／平出和也）

クレバスの下を覗くと谷底が口を開けて
待っているようで、ゾッとする。

2011年。エベレスト登頂を終えて、最終キャンプより下山に移る2人。右がクミちゃんこと川崎久美子さん。

1. チョモランマ、6,470m地点のABC（アドバンス・ベース・キャンプ）にて。後ろは祭壇。 **2.** チョモランマ、TBC（テンポラリー・ベース・キャンプ）で朝の洗顔。 **3.** シシャパンマ、BC（ベース・キャンプ）にて。遠征に使った酸素ボンベなどの登山用具。 **4.** いつ崩れるか分からないアイスフォール帯をキャンプ１に向かって登る。 **5.** 2006年。チョモランマ、7,600m地点のキャンプ2にて。一番左は世界最高齢第三位マコロジーこと小川さん。 **6.** 2009年エベレスト山頂。ネパール側からの初めての登頂だった。

2011年。8,848mエベレスト山頂にて。カメラマンの平出和也君が
2m50cmのポールにカメラをセットして撮った会心のショット。

エベレスト、登れます。

目次

Contents

1 エベレスト、登れます。

——日本人女性十二番目の登頂に伴走して

雪のクーロワール

紫色に染まった東の空がだんだんとオレンジ色にグラデーションし、待望の朝陽が姿を見せた。太陽はほんの少しだけ僕らに温かさを運ぼうとしている。八〇〇〇m峰のマカルー、ローツェには陽があたり、サウスコルや他の山々にも陽があたっている。早く太陽の光が自分の身体にあたって温かくなってほしいと願ってきたが、僕らの登っている雪のクーロワール（岩壁に食い込む急な岩溝）は東側の尾根が盾となり、残念ながらまだ陽があたらない。

西の山々に視線を移すと、遠くの七〇〇〇mの山々には陽があたっているが、その一部に大きな影が見える。視線を空に移すと、うす雲のスクリーンに大きな三角形の影が伸びていた。

「エベレストの影……。エベレストの影。影が見える。」

後ろを振り向き、足元とアッセンダーを握り締める右手を見て黙々と登っている川崎久美子（クミちゃん）のその手を軽く叩いて西の空を指差した。彼女のため息のような声が酸素マスク越しに聞こえてきた。ほんの少しだけ明るさと希望と温かさを与えられた気がする。

最終キャンプを出発して、すでに四時間以上が経過している。暗闇の中、山頂方向の天候や様子もわからずに、冷たい空気の中をひたすら登ってきた。風は出発時にはそれほど強くなかったが、上部に移動するにつれ強くなってきている気がする。日本の山岳気象予報士の昨日までの予報では、本日の天候の予報は晴れ。風はそれほど無いとの事だったが。まぁ、ヒマラヤ的には弱い方の風だと言われればそれまでだけど少々不安がよぎる。

そんな中、確実に自分の目線より低い東の地平線と空を見下ろして、太陽はまだかまだかと歩いてきた。自分たちAG（僕が代表を務めるアドベンチャーガイズの略）隊の他に人影は無く、渋滞こそ起こらないが、なんとなく寂しさも感じる。他の外国隊では別の気象情報をつかんでいたのか、そこで天候悪化の兆しを予知したのか、それともアタックするチームはもう存在していないのか。前にも後ろにも行動するチームはなく、アタック日を決定した自分を疑いながらも、「行けるだろう、行けるだろう……」と心で繰り返してここまで登って来た。それでも、他に誰もいないと流石に少々の心細さが胸に残る。それを太陽の光が少し救ってくれた。

しかし、西側の遠い空には、大きな積雲が見える「朝だってのに入道雲かよ」と心でつぶやきながら、あの雲に追いつかれないうちに登頂し下山をしようと考えていた。風がこれ以上強くならないことを祈っていた。

バルコニー

エベレスト南稜八五〇〇m地点。ノーマルルートといわれるこの稜線はかつてエドモント・ヒラリー卿がテンジン・ノルゲイと初登頂を達成したルート。その尾根に突き上げる急峻な雪のクーロワールを抜けて、通称「バルコニー」といわれる尾根上にできた八畳くらいのフラットなスペースにやっと乗りあげた。まぶしい小さな光が視界に飛び込んできて目を細めた。終わりかけの美しい朝焼けが視界に広がり、その光がクミちゃんの顔をとらえて彼女も眩しそうにしている。

長かった。これまで傾斜がきつくてまともな休息をとれるような場所が無く歩き続けていた。岩と雪でできた小さな盛り上がりにザック（バックパック）を立てかけて安定させて、膝をついて休む。ザックには酸素ボンベとマスクをつなぐチューブなどが付いているのでデリケートに扱わなくてはならず補助が必要。背中から下ろすだけでも一作業だ。安心感のあるスペースだが風の通り道でもあり、マスクから露出している部分の顔が冷たい。

彼女の顔は大丈夫だろうか。いままで、暗い中を裸眼で歩いてきたが、ここからは、サングラス、またはゴーグルを装着する。少しの水分補給と行動食をとろうとするが、酸素を供給するマスクを外さないと口にすることはできないため、呼吸を優先していると、ほとんど食べることはできない。しかも一旦マスクを外してしまうと再度顔に取り付ける作業は至難の業だ。立ち止まったタイミングくらいでは簡単にはいかない。このバルコニーでやっと落ち着いた様々な作業ができるのだ。

ここまで使っていた酸素ボンベを交換し、古いものは、ここにデポ（一時的に置いて行くこと）していく。ネパールスタッフは、最終のアタックキャンプのあるサウスコルからここまで、隊員用の交換用ボンベを二本、自分用のボンベを一本、さらに予備用のボンベを背負って持ってきてくれた。ボンベは一本約六キロ。総重量は十八～二十四キロ！ヒマラヤでの二十キロは大変な重量だ。もちろんボンベだけではなく、考えられる予備・補助装備を加えて運んでいる。ただただ感心し頭が下がる。

彼らはさらに隊員の休息の間にボンベの交換を職人技のようにテキパキと続け次々と交換していく。レギュレーターといわれる酸素流量を調整する装置を使用中の酸素ボンベよりネジ回しのように外し、新しい酸素ボンベにネジ込んでいく。この数秒間、一瞬だけ酸素が途切れる。レギュレーターを回転させるためにやっかいな酸素マスクのチューブを外すためだ。一時的に酸素はマスクに運ばれず供給が滞り、しかもマスクを顔から外す事はできず外気を思いっきり吸えるわけでは無い。とても息苦しくなる瞬間だが、それで身体に大きな影響があるわけではない。そうとは解っていても焦ってしまい、低酸素状態での思考回路や運動能力の失調によりさらに手元の動きがもどかしくなり、作業が思ったように進まずイライラする場面でもある。

また、酸素量が少なくなっているとはいえ、まだ酸素の圧力がかかっている使用済みボンベから取り外し、新しい高圧のボンベにレギュレーターをねじ込む作業は、突然に空気が漏れるような大きな音がして、指先にその空気の圧力を感じたりするため、やはり焦ってドキドキする。レギュレーターは、デリケートな機具なので、扱いを間違えて、高圧の酸素が急激に抜けたりかかったりすると計器内部が破損してしまい、全く機能しなくなってしまう。旧ボンベから取り外すときには、突然に空気圧が変わらないようにバルブを閉めてから取り外すが、新しい酸素ボンベに装着する場合は、高圧の酸素が一気にレギュレーターにかかっても、空気圧が外に抜けるように、あらかじめレギュレーターのバルブを開けておくものだ。間違いやすい緊張するそれらの作業を彼らはこなしていく。しかも軍手や素手でだ。八〇〇〇mのしかもブリザードの中でやるのは、さすがに一苦労だ。重ねて感謝しるばかりだ。

そして、デポする酸素ボンベが落下しないように固定する工夫も忘れていない。雪をピッケルやアイゼンで掘り込んで、強風の影響を受けないようにして、必要があればスノーバー（雪用の大きなくさび）を打ち込んで固定をする。

尾崎ポイント

ここまでの間に誰も追い抜かなかったし、誰にも抜かされていない。後ろを振り返るとヘッドランプの灯りも見えない。軽いラッセル（積雪に足を沈めて進むこと）の中、キックステップ（靴で蹴りこみ足場を作る技術）を作り続けてきたのは、一番若手のネパールスタッフ〝チェパ〟である。二〇〇九年のAGエベレスト登山隊に参加しこのルートを一緒に登ったのが彼のエベレスト初登頂だった。遠征経験もまだ浅く、若いのでかなり苦労して登頂したのだが、初登頂をとても喜び、山頂アタックのスタッフに選んでもらったことをとても感謝してくれた。そのチャパが今は勇猛にキックステップを雪面に刻み、頼もしく先頭をキープしている。

どうやら今日は、エベレスト山頂貸し切りか？少し心細い気もするが、それはそれでいい。他のクライマーに気を遣わずに済むし、自分たちのペースで落ち着いて行動することができる。バルコニーから上の南峰までの急峻な稜線は、雪と岩が交互に現れるミックスの尾根で、どちらにしても風は積雪を巻き上げて雪煙を吹き上げている。風はかなり厳しい。予報より厳しい。風は無いって言ったじゃないか！そんな思いでＡＧの田中敦（アッシ）に衛星電話をかけて「一〇ｍは吹いているぞ！」とバルコニー通過の報告に加えて嘆いていた。衛星電話の番号から着信が入るたびに心臓がドキドキして電話に出るのが怖いと言っていたアッシ。今回もハラハラドキドキして電話を受けてくれたんだろう。いつも脅かして申し訳ないと思っている。

バルコニーを出発して雪の尾根を登っていく。所々クレバスが存在していて、ルーズなフィックスロープ（固定ロープ）では少々不安を感じるところだ。その雪稜の風下に尾崎さんはうずくまっていたという。ネパールスタッフのダテンリが「アソコニ、オザキサン、スワッテタ」と教えてくれた。尾崎さんは、一九八〇年にエベレスト北壁からの登頂に成功。数々の前人未到の記録を残し、八〇〇〇m峰のスターと呼ばれたが二〇一一年、エベレスト山頂近くで死亡した。それをクミちゃんに伝えるつもりはなかったが、そこに座ってたであろう雪面をしみじみと眺めて、片手で合掌した。「アタマト、テダケ、デテマシタ」といってた気がする。二、三日で風成雪（風で運ばれてきた雪）で埋もれたのか。「たくさんの人の目にさらされなくて良かったか……」「この場所に尾崎さんが残されていたら、僕は動揺せずに行動できただろうか……」「尾崎さん、俺たちのこと守ってくれるかな……」などと考えたりしながら足が止まらないように登り続けていた。身を引き締めて、僕はクミちゃん、そしてスタッフをBC（ベースキャンプ）に連れて帰ることを改めて認識した。

風が強くて、誰もいなくて、どこか焦っている自分がいて、落ち着け落ち着けと自分に言い聞かせてきたが、南峰の急斜面に差し掛かると風はそれほど強さを増してはこなくなった。岩と雪が交互に出てくるその急斜面をアッセンダー（ロープを辿るための特殊な道具）を使いながら淡々と登っていく。二〇〇九年のエベレストでは、フィックスロープの存在が乏しく、途中で切れているものやいい加減なセッティングのものが多く、ぶら下がったロープが途中で絡まっていて架け替えなければならなかったり、芯が露出していて今にも切れそうになっていて焦ったりして、非常にストレスを感じたが、今年のフィックスはリニューアルされており、多少は信頼できる太目のナイロンロープが設置されていた。数百人が登り下りで通過するロープである。特に人数の多い公募登山隊のチームは利用回数も多いため、代表的に率先してロープを提供する必要がある。積極的に相互協力して、より良い安全なルート工作をしなくてはならないだろう。今回もＡＡＩやＨＩＭＥＸ、ＡＭＩＣＡＬなど世界を代表する有名な公募隊数チームが協議をして、フィックスロープや固定用のスノーバーの提供、荷揚げ、設置について話し合いがされた。もちろんAG隊もそれに加わっている。数年前より世界の有名チームから声をかけられるようになって、僕たちの存在も大きく成長したように感じていた。

南峰

急峻な斜面を乗越すと南峰の肩である。振り返ると世界代五位のマカルーが眼下に見えて、南峰が八七〇〇mという超高所であることがわかる。ここまで何とかやってきた。その景色をバックグランドにクミちゃんの頭がだんだんと見えてくる。だけど全身の姿はまだ見えなくて、スローモーションのようにゆっくりとゆっくりと近づいてくる。後ろに見えているマカルーとクミちゃんの姿がカッコ良くて、おもわずカメラを取り出して写真を撮った。

ここは細い稜線の上だが急傾斜が一旦なくなりホッとする。その緩い雪稜を少し歩くと南峰といわれる場所である。岩峰らしき顕著な地形をあまり感じないが、ピークらしき狭い盛り上がりを乗り越えて風の当たらない鞍部へと数メートル下降する。ここまでひたすら登りだったので、下りの動きは精神的にも筋肉的にも新鮮だ。気を抜いたらスリップするような斜面でもあるが、なんとか安心して休める唯一の場所でもある。ほとんどのエベレスト登山者がここで休み態勢を整えるため、ここには少々汚れた雪や放置されたボンベがある。水分や簡単な食事を採り、現在のボンベの酸素残量をチェックして、三本目のボンベを使うかデポするかを決めて、僕もネパールスタッフも身軽にして山頂へと望む。

先行していたチェパが既にザックを下ろし、BCのスタッフと交信しており、その音声が歩いている自分の無線からも聞こえていたが、BCとの交信はとてもクリア。無線の向こうでは、二〇〇九年のエベレスト登頂者で今回BCマネージャーを務めてくれた高ちゃんが落ち着いた声で会話をしてくれている。南峰に辿り着いたところで、それまでに影となっていた稜線を登りきり、BCを見下ろせる位置となったために電波の入りが良くなったのだ。

現在地とこちらの気象や隊員の様子を知らせる会話をして、もうすぐでヒラリーステップを越えて山頂に辿りつくと説明している後ろで「全然すぐじゃない〜」「ここでいいって言ってんのに〜」「助けて〜」とクミちゃんが叫んでいる。半分冗談、半分本気のその叫びを僕は軽くあしらいながら、笑ってスルーする。久美ちゃんはまだ大丈夫と強く思っていた。極限の環境の中で、実に面白い光景である。

風は弱くなっているが、相変わらず西側の雲の発達は凄い。そして確実に近づいてきている。山頂方向に視線を移すとまだ山頂は青空の下にある。空に続いているように見える稜線は、ギザギザと尖がっていて、まるでゴジラの背びれのようだなぁと思ったり、ゴジラの背びれはもっとギザギザが凄いなと思ったり。その背びれの中に見るからに登りにくそうな岩場がある。それがかの有名な「ヒラリーステップ」だ。後で知る事になるが、南峰からヒラリーステップに向かう稜線上を行動する僕たちの超望遠映像があり、びっくりした。感動屋のカメラマン〝コマッちゃん〟がエベレストBCより、わざわざプモリBCに近い砂利の堆積の上にかなりの時間をかけて移動し、山頂が望める場所を見つけて、そこに早朝から三脚を立ててカメラを構えていたのである。感動モノのシーンだけど、WOWOWの番組の中では数秒使われただけである。でもコマッちゃん、きっと目をウルウルさせて、鼻をズルズルすすり、喘ぎ声をこらえながら撮影していたに違いない。ほんとうにありがとう。僕らは思い腰を上げて、いよいよ南東稜ルート最難関のヒラリーステップへと続く稜線を歩き始めた。

ヒラリーステップ

なだらかな雪の細いリッジを辿り、その先の急峻な岩と雪の壁に乗り移る。ロープのピッチが短くきられて固定されており、そのつどアッセンダーとカラビナをせっせと架け替える。残置された複数のフィックスロープの〝かす〟が塊となり、アッセンダーやカラビナの操作を煩雑にし、まるで蜘蛛の巣のようにアイゼンの爪をとらえて邪魔をする。今年の先行ルート工作チームがセッティングした立派なナイロンのフィックスロープは、荷揚げがされなかったのか、長さが足りなくなったのか、南峰付近で無くなっており、それから先には昔ながらの古い・細い・ボロボロのロープが垂れ下がっているだけだった。

斜めに外傾した岩は、ホールドやスタンスが乏しく、スリップしたアイゼンの傷がたくさん岩肌についている。ぶ厚い手袋をした指先ではカチっと岩を掴むことができないので、不安定なためより難しく感じる。フ

南峰から見たヒラリーステップ。
挑戦者を弱気にさせる世界最高地の難所である。

ィックスを引っ張る方向と足を突っ張る方向の絶妙なバランスでスリップをしないように注意し、わずかな凹凸にアイゼンの爪を引っ掛け、どちらかというと腕力で引き上げる感じのムーブ（岩登りの身体の動き）となるため、女性の細腕の力では厳しいところである。それでも細かい岩の凹凸にアイゼンのつめをなんとか引っ掛けて、時折スリップしガリガリと音を立てながらクミちゃんは黙々と後を追ってくる。

核心部の西側に外傾した岩場を手、足、腕、膝……全身のあらゆる部分を使って登りきり、ヒラリーステップを攻略した。思わず彼女の肩を叩いて「よし！よし！よくやった！」と祝福していた。

このヒラリーステップとよく比較されるのが中国側のチョモランマ北東稜ルートの核心部で出てくる「セカンドステップ」だ。セカンドの名前のとおり2番目に出てくる岩場なのだが、ヒラリーステップの倍以上の長さがあり、しかも後半が垂直に近い壁となっていて非常に難しいセクションである。どう考えても「あの時代」のマロリー（「そこに山があるから」で有名なイギリスの登山家）が登りきれたとは思えない。一九六〇年に中国隊が初登頂した際には、梯子を壁に固定して乗り越えた場所である。ちなみにチベット側にはサードステップまであり、僕も二度ほど通過しているが簡単な場所ではない。そのセカンドステップに比べるとネパール側のヒラリーステップは登りやすい岩場であると思っている。それでも一般の人には、しかも超高所で岩場を越えていくには、とても難しいセクションである。クミちゃんは、その顕著な岩と雪のミックスの稜線を窒息するような呼吸使いで、でも止まる事無く淡々と登ってきた。文句や弱音は吐いたけど、よく頑張って乗り越えてくれたと思う。ここを越えたらあとはビクトリーリッジのフィニッシュランが待っているだけだ。希望を胸に山頂へ続く稜線を見上げると、なんと白い雲がもうすぐそこに迫っていて、周りの山々を隠しはじめていた。

八八四八m

摩擦や紫外線や経年劣化が原因で古いフィックスロープは、切断されている箇所が多く、短いピッチで結ばれて連結されている。さほど難しく傾斜のある斜面ではないので、新しいフィックスを設置することはしないのだろう。そのため、結び目のコブが邪魔で何度も何度も架け替えるようになった。その つどクミちゃんの歩みは止まり、スムーズに歩くことができない。今までの登りは頑張って自分でも架け替えてきたがもういい加減疲れている。振り返りときどき僕がアッセンダーを架け替えるがそれでもいちいちスタックする足並みが乱れ少々イラつく。山頂までのビクトリーリッジは傾斜が大した事無く、フィックスロープも横方向に張ってあるため地面に弛んでいる。横へ移動しようとするアッセンダーにそのフィックスロープの重みがかかり、前後のスタッフの動きが伝わって下に、前後左右に引っ張られ身体がふらつく。また縦ではなく、水平方向に近い横への移動だからアッセンダーがいちいち引っかかり滑らせづらい。

カラビナとアッセンダーをロープから外して、僕はクミちゃんのデバイスのカラビナと自分のカラビナを合体させた。これなら低い姿勢を強いられもうフィックスを辿る必要も無い。ショートロープのような体勢で背筋を伸ばし二人は歩き始めた。

もう目の前にゴミの山のようになったタルチョ（チベットの五色の祈祷旗）の塊がみえている。見覚えのある光景だ。エベレスト山頂である。しかし、いくら歩いても簡単には近づいてきてくれない。足元を見て、数歩歩いて、また顔をあげて山頂を見つめる。まったく近づかない山頂を見て、苛立ちと絶望感が湧き上がってきているだろう。心はもう折れそうで、いや既に折れていて限界を超えているだろう。でも、一歩一歩、確実に、クミちゃんは足を出し山頂へ近づいていった。

薄いガスで囲まれた山頂に何かが動いている。ドキっとした。赤い人影が見える。誰もいなかったはずのルートなのに。チベットから登ってきた登山者だろうか。これが本当だとすると、チベット（中国）・ネパール両側からエベレスト山頂に登ってきた登山隊員同士の感動の出会いである。足元や後ろのクミちゃんを気にしながら歩いていると、絶好調で先頭を歩いていたチェパの声が聞こえてきた。無線で会話をしている声だ。無線での山頂での第一声は僕が報告したかったのに、先を越されてチェパよりBCに登頂の第一報が流れていた。

チェパは山頂の一番高いところから一歩手前に止まって待っていた。同じ場所で僕も止まり、クミちゃんに先に上るように手招きをした。一番高い盛り上がった雪の上に立ち上がり、久美ちゃんと顔を見合わせて目で確認した。やっと着いた。そんな思いだったろう。クミちゃんはとても喜んでくれているようだがマスクで言葉が聞こえない。「やった～」って聞こえたか。僕も「やったね。」って言ったか。

ただここで重要な一言を言いたかった。

「一番……一番の女になったじゃん！」とクミちゃんに声をかけていた。少し遅れてから僕も一段上がらせてもらいクミちゃんと酸素マスクがずれない程度にしっかり抱き合った。よかった。本当によかった。

しかし西の空からは、大きな暗積雲が近づき山頂を包もうとしていた。東京の気象予報士とAGのスタッフは緊迫した様子で連絡を取り合っていた。

登頂者が語る「近藤謙司」像❶

川崎久美子さん

（二〇一三年一月一五日取材）

近藤さんとの出会い

私が近藤さんと初めて会ったのは、友達と参加した講習会でした。ずっとスノーボードで山に行っているうちに山登りにも興味が出てきて、登山を始めた頃でした。それまでは雑誌や本を見ながら登っていたんですが、「面白いなあ。もっと知りたいなあ」と思っていたところ、とあることからアドベンチャーガイズを知って。夏山の講習をやっていると聞いて「これだ！」って思い、友達と二人で申し込んだんです。そこに来たのが近藤さんでした。

それまでは、近藤さんという存在も知らないし、山岳ガイドがどんなことをする人なのかも知らなくて。ただ、すごく厳しい人、ちょっとミスしたら怒られそう、というイメージだけは持っていました。山岳会っていろんなルールがありそうな印象で、そんな中でガイドさんというと人を指導する立場の方ですよね。だから近藤さんに初めて会った時、あまりにも気さくな人なので拍子抜けしてしまいました。

その時の私は本当に初心者でしたから、その講習会も初心者レベルのもので、紐の結び方からストレッチ、水の飲み方やちょっとした岩場の登り方などを学びました。それまでもインターネットで調べたり、山の雑誌を見たりしてたんですが、近藤さんから得られた情報はそれらとは全く違う情報でした。一番印象的だったのがストックの扱い方。いつもだったら折り畳んでザックに入れてから登ろうとするんですが、近藤さんは「ストックは、ここのショルダーのところに横からグサッと差し込むといいよ」って。やってみたら確かにピタッと固定されて登りやすいんです。「ああ、場数を踏んだ人の情報だな」と思いました。ノリがよくて気さくなんですが、要所要所はきちんと押さえて教えて下さいました。話し上手だし聞き上手なんですよね。その時は、まさか自分がエベレストに登るなんて思いもしませんでしたが。

エベレストとの距離

私がエベレストを意識し始めたのは、それからしばらく経ってから。その講習会に参加したことがきっかけで、アドベンチャーガイズを通じて登山をしたことのある人たちとの交流が始まったんです。その中には、海外登山をする人も多くて、体験談を聞いては「いいな〜」って目を輝かせていました。よく集まるメンバーの中にエベレストに挑戦する人がいたんですが、それでもまだまだ自分とエベレストは結びついていなくて、「山をやってる人にとって、一生のうちにいつかは行くぞ！　と夢見る山だよなぁ」と、あくまでも傍観者として応援側にまわっていました。

ところが、経験談を聞く機会を重ねるうちに、ふと思うようになったんです。「私が山やり始めたのが三〇歳。高校生とか大学生から登山を始めた人からしたら一〇年以上遅れてる。今私は三四歳。まだまだ初心者の私が、技術を習得して少しずつステップアップしていったとしても、順当にいって登れるような技術がつくのは六〇代。その時果たして近藤さんはまだガイドをやっているんだろうか」って。

参加費用の額があまりにも大きいので、その時の自分の貯蓄だけでは到底足りない。でも、五年先、一〇年先の自分を想像した時「果たして今ある貯蓄をすべて投げ出せるかな」って思ったんです。今ならその貯金をすべて投げ出したとしてもやり直せる。でもたとえば四〇になった私、五〇になった私はどうだろう。その時持ち合わせている貯金を投げ出せるかどうか……。

今だったら〇になってもいい。だからやろう。

今なら体力もある、お金もある程度なら貯蓄がある。そして今なら近藤さんがいる！

決意

ある日思い切って近藤さんに相談したんです。そしたら「大丈夫。行けるよ」ってあっさり。ガイドさんによっては、「そんなハードルの高い山、技術をしっかり磨いてからにしろ」って言いますよね。「素人がエベレストに行くなんて。技術がないうちは危ないからやめなさい」そう言われても仕方がないと思っていたんですが、近藤さんにはそうは言わなかった。「結局歩くのは自分。そこは絶対に代わってあげられない。でも、それ以外のことは何でもサポートする、それがガイドだから」って。

母に「エベレストに行ってみようと思う」と話した時、反対はしませんでした。学生の時から運動をしていたんですが、今振り返ってみれば、母親はいつも「どうせやるんだったら一番を目指しなさい」

って言う人でした。中学校の時は陸上をやっていたんですが、その時も自分の中では一番を目指していました。でも、陸上の一番って分りやすくて「一番速く走ること」ですよね。でもその一番とエベレストに登る一番っていうのはちょっと結びつかないし、実はエベレストに対して「一番高い山に登ろう」っていう意識もなかったんです。

いざ、エベレストへ

エベレストまでの道のりは、他の参加者の方々も一緒に登ったんですが、振り返ってみると、近藤さんの接し方は、人（クライアント）によって違っていたと思います。性格、身体的な特徴は人それぞれですよね。私は三〇代半ばの女性。もう一人の方（モコパパ）は、六〇代ちょっとの男性。普通のグループは、私たちの時みたいにここまでの極端な違いはないかもしれないけど、それでもやはりそれぞれ特徴が違う。近藤さんは、どこかでデータ管理をしているのか、それとも感覚的に接し方が変えられる人なのか、とにかくその人に応じたつきあい方をしていたのが印象的でした。

例えばこの人はこういう人だから「登れるのも登れないのもとにかく自分次第だからね」ってちょっと厳しい励まし方をする。この人の性格はこうだから何も言わずにそっと横に寄り添っていた方がいい……なんていう風に。

登山隊は、二ヵ月ぐらいずっと一緒にいるケースが多いから、それをうまくまとめるって本当に大変だと思うんです。近藤さんの場合は、もちろん一人ひとりの個性を大事にしてくれるんですが、それに加えとにかく「隊全体のカラー」を作るのがうまい人だと思いました。うちの近藤隊はこうだからこういう風にやってくれといったことは一度も言われなかったんですが、ずっと一緒にいるうちに、みんながそれぞれのペースでやっていても、なんとなくまとまっていって、そのうち「これが近藤隊」っていえるような形になっているんです。

登山隊は危険もともないますから決めごとが多いと思うんですけど、近藤隊にはそれがあまりないのも特徴です。

長い遠征だと、「高度順応」といって、本番の登山に備え、少しずつ高度を上げて登る訓練をするんですが、どの隊も「今日はここまで戻る。明日はここまで」っていう決めごとを作るはずなんです。でも近藤隊にはその決まりもない。「今日はいまいち体調がすぐれないからここまでにしとく」と自分で判断すればそれ以上狙わなくてもいい。それをそばで見ていた近藤さんが「今日はつらそうだからここまでにしとく？」って促してくれることもあります。外国の隊だと足切りをすることが優先されて「今日順応できなかったら、あなたはここから先には進めないよ」って言われるそうなんですが、近藤隊はその逆。その人の体力とかモチベーションを引き出して登らせてくれる。「最後まで登りきりたい」という気持ちを最優先させ、そのためにどう動くかを丁寧に考えてくれていました。

　高所では、毎日血中酸素濃度を計るんですが、その濃度が六〇を切ったら下山させるという一応の基準があるみたいなんですが、近藤さんはそれをアテにしません。その人の体力やその日の調子を見て、「六〇を切っていても登れそうだな」と思えば登らせるし、八〇ぐらいあったとしても近藤さんが見ていて「あ、ダメかな」と思ったら降ろします。

　近藤さんが一番大事にしているのは「登りたい」っていう気持ちに応えること。そのための「数字ではないガイドライン」を自分の中で持っているんだと思います。その勘どころは現場感覚がないと難しいですよね。常に二四時間人と接してる人でないと。

　大きな隊では、ガイドはガイドの仕事、クライアントはクライアントの生活という風にはっきりとわかれているそうです。でも近藤隊は、朝昼晩、二四時間一緒に過ごしているからわかる。テントはもちろん個人テントですが、リビングの役割をするテントがあって、食べたり話したりするためにいつもみんながそこに集まる。みんなの気持ちが一つになる場所ですよね。

　近藤隊の特徴は、一日のメインイベン

トが食べることだということ。そして近藤さんはその時間を盛り上げるのが実にうまい人です。「食で人を繋ぐ」というか。日本隊に参加するメリットはそれですよね。海外の隊だと「今日はパスタだけ」「今日はイモだけ」ということもあるそうなんですが、いつも自分が食べてるものに近いものが食べられる日本隊はほっとするし、特に近藤隊は「今日はみんながこれをやったから、これを食べよう」って色々考えてくれるんです。

いつも思うんですが、海外の隊のように「切ろう切ろう」という精神と、近藤さんのように「登らせよう登らせよう」という精神。この違いは本当に大きいと思います。特に近藤さんの所に来る人は、退職して時間ができたお父さんが多いから、やはり体力の限界が早くおとずれる人が多い。そういうのを全部考慮に入れて接してくれるのが近藤隊なんです。

登頂を終えて思うこと

私ぐらいの年齢だと「海外の隊でもいけるんじゃない？」と言われることもあるんですが、実際エベレストまで登って思うこと。「私は近藤さんじゃなかったら無理だったな」

ただ体力があるから、というだけではエベレストには登れない。二ヵ月間、いかにストレスなくいられるか。ここが大きなポイントだと思っています。

登ってからと登った後で何か変わりま

したか？　とよく聞かれますが、実はそういうのはあまりなくて。でも得られたものは大きい。近藤さんや周りの方に出会えたことは、登頂したという事実よりも私にとって大きなものです。

　振り返ってよかったなと思うのは、「自分の中でここがチャンス」と思った時に見送らないでよかった。先に延ばさなくってよかったな、ということ。今後また何かチャンスがあった時、迷わずそれに向かうことができる自分でいられるように思うんです。

　近藤隊でのエベレスト登頂は、結果ではなくそこに至るまでに出会った人やそのプロセスが大事だということを教えてくれました。

　もともと高所登山に興味があったものの、初心者だった私の気持ちがエベレストに結びついたのは、そういう出会いの積み重ねによるものですから。

2 僕の仕事を紹介しよう

国際山岳ガイドって？

そもそも、読者の皆さんは、国際山岳ガイドという仕事について、ご存知だろうか。

日本は登山ブームを迎えて久しく、周囲から「週末何してたの？」「うん、ちょっと山に登ってきたんだ」なんていう会話が聞こえてくることも多くなったんじゃない？　あるいは、この本を手にとって下さったあなた自身の趣味が山登りやハイキングかもしれない。

かつては、堅いイメージでとらえられていた登山が、近く感じられるようになってきた。登山ウェアも「これ、ほんとに山用？　タウン着じゃないの？」と思うほどファッショナブルになってきて、それにともないおしゃれな女性登山愛好家も増えてきた。

実はこの登山ブーム、日本の登山の歴史を紐解くと、これで第三次ブームぐらいなんだよね。

戦後すぐ、海外の山に登ることが解禁になり、マナスルという山に日本人が世界初登頂を果たした。それがきっかけで日本でも登山ブームが起きた。それが第一次ブーム。

その後九〇年代の中盤あたりで中高年による日本百名山ブームが起きた。これはテレビ番組がきっかけだった。

そして二〇〇七年頃から、頻繁にマスコミが山にファッショナブルなスタイルで登る人たちを取り上げはじめ、「山ガール」と呼ばれる人が出てきたり、若い男性も趣味の一つとして山を選択する人が増えてきた。「形（格好）から入り山に目覚める」人が急増したというワケだ。きっかけが何であれ、登山の楽しさに目覚める人が増えたのは好ましいことだ。

さて、そんな登山客のみなさんを、安全に楽しく、効率よくスムーズに山へお連れするのが山岳ガイドの仕事。

初心者向きの山でも、天候や山の植生に詳しいガイドがいると、山歩きが数倍楽しくなるが、難易度が高い山になるとなおさら、安全を確保する意味でも、ガイドの存在が貴重になってくる。

そして、そんな山岳ガイドの中でも、特に海外の山々へ登山客をお連れするのが国際山岳ガイドの仕事。

今日本で国際山岳ガイドの資格を持っているのは、だいたい四〇人。

様々な理由で国内の登山ガイドの資格よりも取得するのが困難な分、圧倒的にその数は少なく、僕がその中の一人になれたのは、色々な巡り合わせのたまものだ。

現在日本には、公益社団法人日本山岳ガイド協会という団体があり、技術や経験値などの違いにより職能別に分けて講習や研修を実施したり、ライセンスを発行したり、安全対策や管理などを行っている。所属しているガイドは約一〇〇〇名。

山岳ガイドの仕事内容には、アニマルトラッキング等のネイチャーガイドやカヌーツーリング、キャンプ等の体験型プログラムの提供もあるけれど、やはり登山を始め、山岳スキーやロッククライミングなど、山への案内が主な活動範囲。さらに教育的、啓蒙的な活動、各ガイドの技術的指導などの業務もある。

自然は初心者にもベテランにも平等な環境を与える。それが山のいい所でもあり過酷なところでもあるから、山岳ガイドは、自然の環境に応じて、またお客様の登山歴やスキルや経験に応じて、適切な判断をしながら、登山客と伴走する。

特に慎重さが求められるのが、「六〇〇〇mを越える世界の高峰」「難易度の高い登山」「秘境の登山」、いわゆる高所登山だ。

リスクが高い海外の高所登山は、なかなか一般のツアーでは実施できない。そこに、技術面、精神面のサポートをしながら安全にお客様の夢を実現する手助けをするのが僕たちの仕事だ。

資格取得の難易度でいうと、大まかには、里山ガイド、登山ガイド、山岳ガイド、国際山岳ガイドとなる。

フランス、オーストリアでは国家資格、スイス、イタリア、ドイツでも準国家資格として権威があり、その資格取得者は国民から非常に敬意を持たれているのだが、残念ながら日本での位置づけはまだまだそこまでではないのが現状だ。

エベレストを特別な人だけの山にしないために

特に世界最高峰、八八四八mの高さを誇るエベレストを代表とするヒマラヤの山々などは、どうしても、どこどこ山岳会に所属しているなど、特別な人でないと行けないようなイメージがある。

エベレストは、技術面だけではなく、費用でのハードルも高い。行程管理も大変だ。

世界には、他にも高くて難易度が高い山はたくさんあるけれど、ここではその代表格のエベレストを例に、ルートや行程の説明をしておこう。

エベレストルートマップ

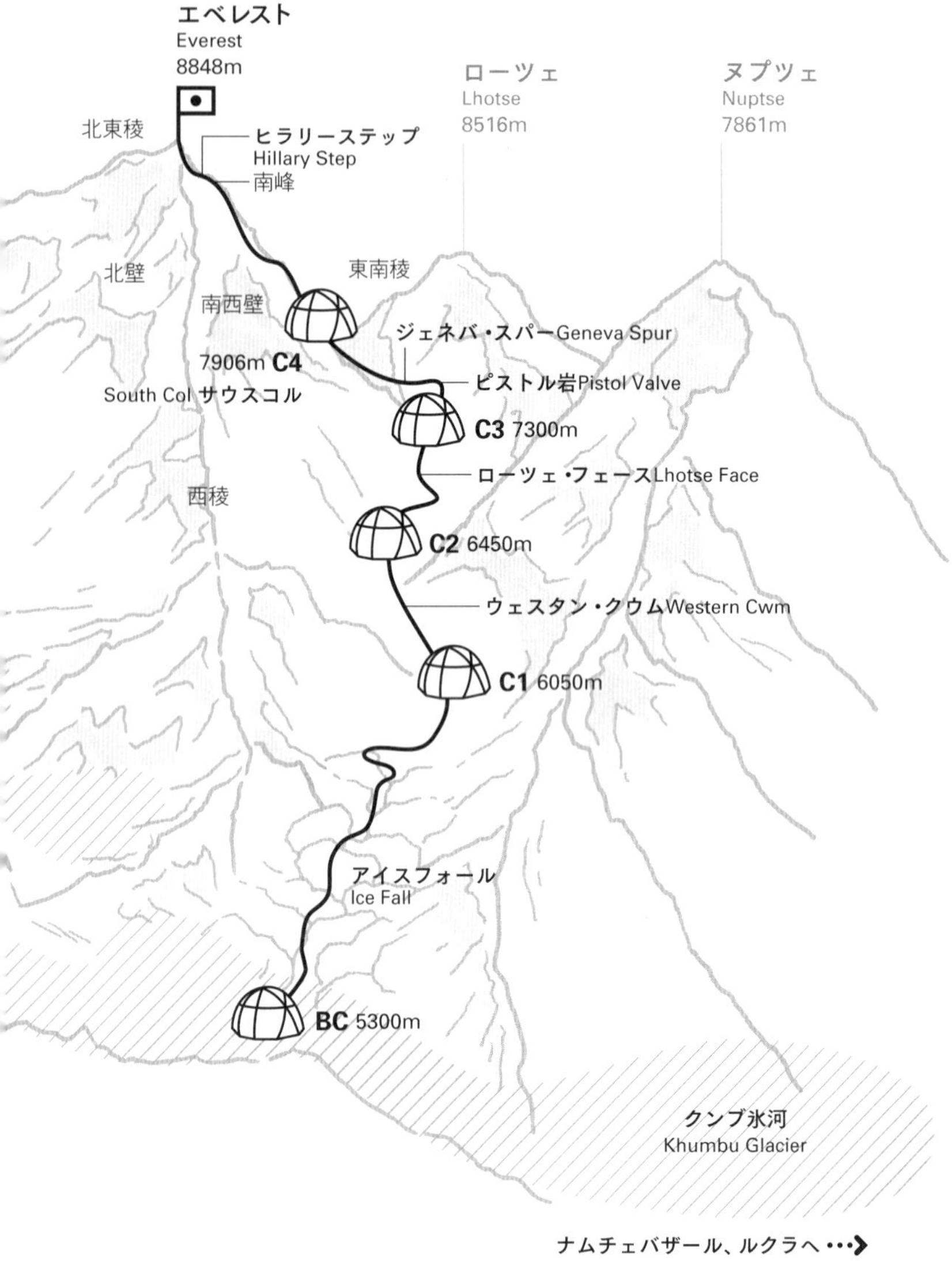
エベレスト
Everest
8848m
ローツェ
Lhotse
8516m
ヌプツェ
Nuptse
7861m
北東稜
ヒラリーステップ
Hillary Step
南峰
北壁
東南稜
南西壁
ジェネバ・スパーGeneva Spur
7906m C4
South Col サウスコル
ピストル岩Pistol Valve
C3 7300m
ローツェ・フェースLhotse Face
西稜
C2 6450m
ウェスタン・クウムWestern Cwm
C1 6050m
アイスフォール
Ice Fall
BC 5300m
クンブ氷河
Khumbu Glacier
ナムチェバザール、ルクラへ

नेपाल सरकार
पर्यटन तथा नागरिक उड्डयन मन्त्रालय
Government of Nepal
Ministry of Tourism & Civil Aviation
प्रमाण-पत्र/CERTIFICATE

सन् 2011-05-26 मा Japan निवासी Mr. Kenji Kondo ले Adventure Guides Mt. Everest,2011 नामक पर्वतारोहण दलको नेताको हैसियतले ८८४८ मिटर अग्लो Sagarmatha (Mt. Everest) हिमाल सफलतापूर्वक आरोहण गरेको हुँदा यो प्रमाण-पत्र प्रदान गरिएको छ ।

This is to certify that **Mr. Kenji Kondo** resident of Japan as a leader of Adventure Guides Mt. Everest,2011 team has successfully climbed 8848 meter high Mt. **Sagarmatha (Mt. Everest)** on 2011-05-26.

(Laxman Shrestha)
Section Officer

(Laxman Bhattarai)
Joint Secretary

Date:-2011-05-31
S.No.: 63#____/2011-Spring

右ページのルートを一歩一歩踏みしめながら
山頂にたどり着くと、こんな登頂証明書がもらえる。
これは2011年のもの。

エベレストは、チョモランマ、サガルマータという別名がある。中国側から登るルートとネパール側登るルートに分かれるが、ここではネパール側からの行程を紹介しよう。

エベレスト登山・旅程の一例

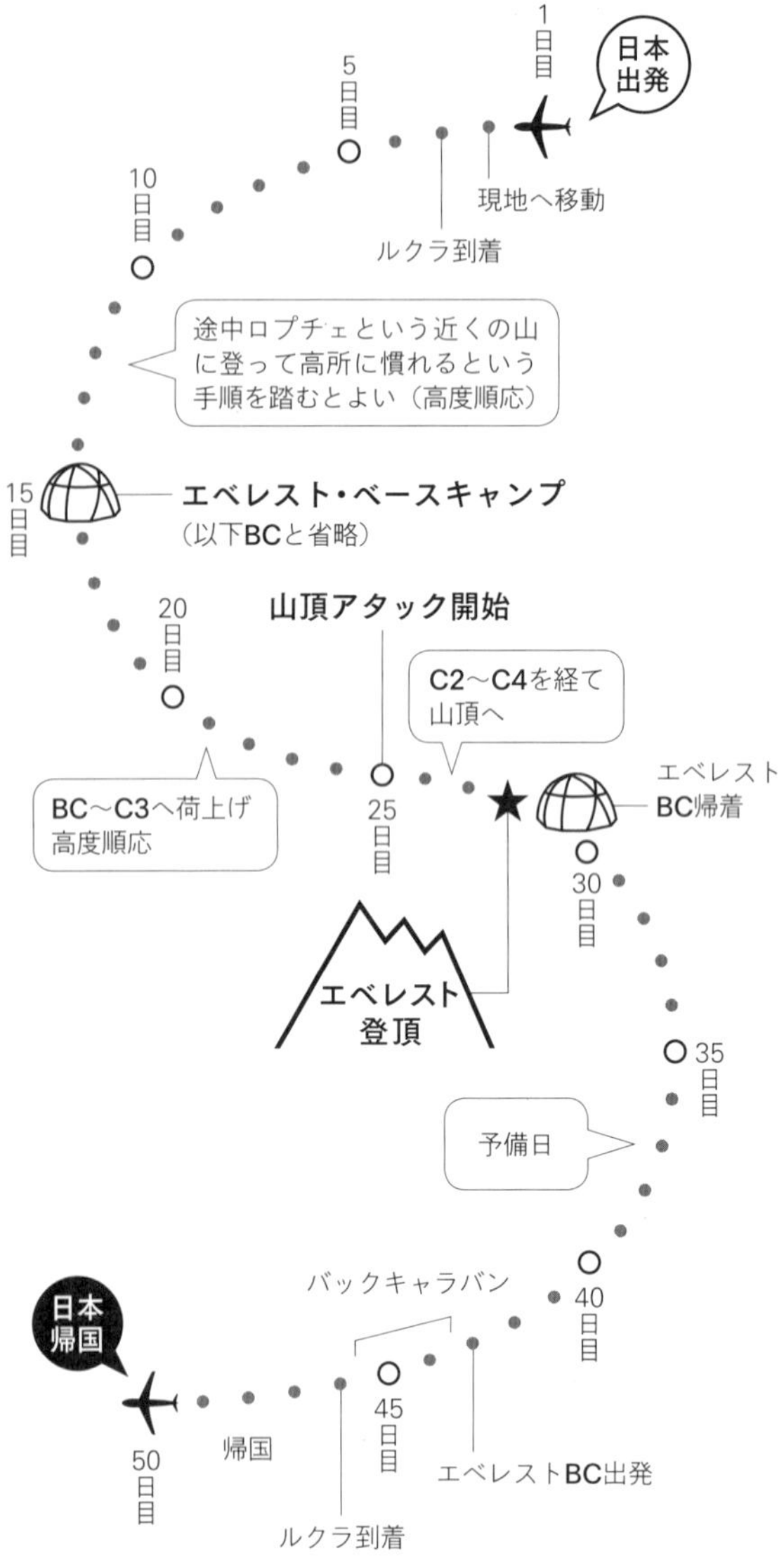

エベレストの入山料

エベレストに入山するには入山料を支払わないと登れないシステムになっているため、渡航費、食費や滞在費などの他に、多額の入山料がかかる。

一人で申請する場合は二万五千USドル（二〇一三年時点のレートで約二五〇万円）もかかってしまうのだ。

A級ライセンスを持っている人でないと登れない山、高額な料金を払える人でないといけない山、限られた人たちのための山に、エベレストをしたくない。普通免許しか持っていなくて、お金に余裕がない人だって登れる山にしたい。大好きな山だからこそ。

主に欧米諸国を中心に、すでに世界では導入されているこの公募隊というしくみを使うと、グループ単位で入山申請をすることができる。

グループでの入山料は七万USドル（約七〇〇万円）。それなら一人当たり一万USドル（約一〇〇万円）になり、金額の負担がぐんと下がることになる。

もちろん、今までもいち早くこの制度に目をつけて、海外の公募隊に入隊する日本人もいたにはいたんだけど、言葉の面での壁ができる。文化、宗教、食事面、生活習慣、考え方、体格差による基礎体力など、他にも色々な面で壁ができる。それでなかなか外国登山隊になじめなくて、よい結果にならなかったという声も聞いていた。技術の壁、費用の壁、言葉の壁、そんなのを取り払って、「行きたい！」という情熱のある人が実際に行ける環境を作りたかった。

そこで始めたのが、日本人による日本人のための公募隊だ。

食事やペース配分などを日本人参加者に合わせる、登山成功の大きなポイントであるストレス解消や登山意欲の維持がうまくできるように日本語できめ細かくサポートする。要望を細かいニュアンスまで伝えることができる快適な環境作りを心がけ、登山活動をよりスムーズにするにはどうすればよいかを考え、配慮する。

日本初、日本人による日本人のための公募隊

そもそものきっかけは、お客様からのリクエストだった。南米の六〇〇〇m峰に登りたいというお客様がいて、その方たちをお連れして無事に登頂が完了すると、「私たちでも八〇〇〇m級の山、行けるかしら」という話になった。僕自身、そんなことが本当にできる

んだろうかと悩んだが、やると決めたら後には引けない。その後何度も試行錯誤しながら登山隊を作り上げ、二〇〇二年一〇月、日本で始めて、日本人専用の公募登山隊をヒマラヤ八〇〇〇m峰チョー・オユーで実施することとなった。

その時は七一歳の女性の登頂をサポート。彼女は、世界初の七〇歳台八〇〇〇m峰登頂者となった。

チョー・オユーを成功させると、その山頂より高いところに見えるチョモランマから「次はこっちへ来いよ」と呼ばれるように感じた。そんなことからその二年後の二〇〇四年に日本初のチョモランマ公募登山隊を実施。

そして二〇〇五年五月にはマッキンリー公募登山隊を実施、二〇〇六年四月にはチョモランマ公募登山隊を実施。七〇歳の男性の登頂をサポート。彼は、当時の世界最高齢登頂者となった。

それからもほぼ毎年のように公募登山隊を編成し、世界じゅうの色々な山を舞台に登山ガイド活動を今も続けている。

これらはみな、お客様たちと僕たちガイドとの「両思い」で実現した冒険登山だ。

ここでちょっと、今までの公募登山隊の記録を表にしてみようと思う。

公募登山隊記録

２００２年	９月	ヒマラヤ・チョー・オユー（８２０１ｍ）	８名参加
２００３年	９月	ヒマラヤ・チョー・オユー（８２０１ｍ）	８名参加
	１１月	ヒマラヤ・アマダブラム（６８５６ｍ）	２名参加
	１２月	南極・ビンソンマシフ（４８９７ｍ）	６名参加
２００４年	５月	ヒマラヤ・チョモランマ（８８４８ｍ）	６名参加
	９月	ヒマラヤ・シシャパンマ（８００８ｍ）	６名参加
２００５年	６月	北米・マンキンリー（６１９４ｍ）	５名参加
	９月	ヒマラヤ・チョーオユー（８２０１ｍ）	３名参加
	１２月	南極・ビンソンマシフ（４８９７ｍ）	５名参加
２００６年	４月	ヒマラヤ・チョモランマ（８８４８ｍ）	４名参加
	６月	北米・マッキンリー（６１９４ｍ）	５名参加
	９月	ヒマラヤ・シシャパンマ（８００８ｍ）	４名参加
２００７年	４月	ヒマラヤ・チョモランマ（８８４８ｍ）	２名参加
	６月	北米・マッキンリー（６１９４ｍ）	６名参加
	９月	ヒマラヤ・チョーオユー（８２０１ｍ）	６名参加

	12月	南極・ビンソンマシフ（4897m）	3名参加
2008年	6月	北米・マッキンリー（6194m）	6名参加
	9月	ヒマラヤ・マナスル（8163m）	6名参加
2009年	4月	ヒマラヤ・エベレスト（8848m）	4名参加
	6月	北米・マッキンリー（6194m）	6名参加
	9月	ヒマラヤ・チョーオユー（8201m）	6名参加
2010年	9月	ヒマラヤ・マナスル（8163m）	8名参加
2011年	4月	ヒマラヤ・エベレスト（8848m）	2名参加
	9月	ヒマラヤ・マナスル（8163m）	9名参加
2012年	9月	ヒマラヤ・マナスル（8163m）	8名参加
	12月	南極・ビンソンマシフ（4897m）	6名参加
2013年	4月	ヒマラヤ・エベレスト（8848m）	5名参加
	9月	ヒマラヤ・ローツェ（8516m）	2名参加
	9月	ヒマラヤ・マナスル（8163m）	6名参加
2014年	2月	カルステンツピラミッド（5030m）	3名参加

これらの旅をともにした人たちの中には、「国内の山にしか登ったことがありません」「スキーやスノボーはやったことがあるけど、登山経験はほとんどありません」「自分が海外の山なんて……」と思っていた人が数多く含まれている。そしてその中の多くの人が、チャレンジングな登山で出会った仲間たちとの絆を深めたり、「今度はどの山に登ろうか」なんて作戦会議をしたりしているのを見て、ああ、よかった、大変なこともちろん多いけど、やっぱりやっていてよかったなあ、としみじみ思うのだ。

3 山との出会い

そこに人がいたから

さて、そもそも僕がどうして山に登り始めたか。

「そこに山があるから」というジョージ・マロリーの有名な言葉があるけど、僕の場合は山があるだけでは登らなかったと思う。「そこに人がいるから」とにかく人ありきの登山なんだよね。みんなと一緒にやるからいい。単独登山は好きになれない。

小さい頃を知る家族や幼なじみ、学生時代の友人からは、「お前は登山ガイドになるべくしてなった」「根っから登山ガイドだった」「生まれつきなんじゃないの」と口々に言われる。僕も確かに運命的なものを感じ、それに導かれるようにこの世界に入ってきたように思う。

この職業のどこがどんな風に僕に向いているのか、僕がどうしてこの職業に向いているのか。その辺のことに自分でも興味があるので、これを機にちょっと紐解いてみようと思う。

初めての登山〜谷川岳と家族旅行の思い出

一九六九年、夏。群馬県、上越線水上駅。

ガッチリした体をした旅館の呼び込みが、それぞれの旅館の名前が入った法被を着て大声を出し、忙しそうに客を探している。

「〝トンネルを越えると、そこは雪国だった〟って、小説にもあるのよ。トンネルは越えないけど、この山は冬になるともっともっと雪があるの」

群馬県と新潟県の県境に位置するこの山を、母親は川端康成の「雪国」の一節を使って表現し、僕に話しかけた。このセリフ、何度か聞かされた覚えがある。夏休みに正月休み、休暇ともなると、よく両親に連れられて谷川岳を訪れたものだ。家族でハイキングやスキーをするためだ。

父は、自分が仕事で関わった場所に家族を連れて行くのが好きだった。谷川岳も、自身がロープウェイの設計プロジェクトに大きく関わっていたため、色々と優遇され、安価で旅ができたということもあったのだろう。

我が身を振り返って見ると、家族を連れて仕事場を訪れても家族にいい顔をされたためしがない。嫁の立場になってみれば、知らない人に愛想よく振る舞うことを強いられるからリラックスできない。子どもたちにしてみても、一人ひとり挨拶はさせられるわ、わがままは言えないわで、窮屈な思いをすることになるからだろう。

でも僕の場合、父の足跡が感じられる場所に行くことをそう億劫には思っていなかったように思う。現場の職員さんに囲まれた父が、少しだけ偉く見えてなんだか嬉しかったからかもしれない。僕は谷川岳のロープウェープロジェクトに大きく関わっていた父を尊敬し、誇りに思っていた。

その時僕はロープウェイから見える景色をどう思ったのだろう。あまり記憶はないから、さほど感動しなかったのだろうか。

山荘の記憶は鮮明だ。谷川岳ロッジは少し暗いけれど趣のある宿泊施設で、たくさんの登山客がスキーヤーズベッドにひしめいていた。夏のスキー場は、スロープが緑で覆われ、美しいグリーンカーペットのように見えたが、実際にそのゲレンデの斜面に近寄ると、自分の身の丈より高いクマザサがジャングルのように茂り、視界を妨げ、何か恐怖を感じる

昭和44年8月谷川岳天神峠にて。
記憶にある“はじめての登山”だった。

ほどだった。そのクマザサとブナの林にある登山道を辿り、天神尾根を歩いた。初めて歩いた時は、途中にある避難小屋らしきところで父と姉と別れ、その中で母と長い時間父たちの帰りを待っていた記憶がある。そこが熊穴沢の避難小屋だったのかはよく分からない。母は、その日ハイキングを始める前に麓で乗ったタクシーでいつものように酔い、気分が悪く疲れきっていたのかもしれない。僕が乗り物に弱いのは、母親譲りだ。いまだに乗り物にはやられている。

印象深い二度目の登山体験

二度目の挑戦は、小学中学年頃だろうか。

谷川岳には、巌剛新道といわれる登山道があるのだが、その道の名前の由来ともなったのが、渡辺巌さんと竹花剛さん。その竹花さんと登山をするチャンスが訪れたのだ。渡辺さんは、父の直属の上司であり、一番の理解者で、両親の仲人でもある。姪御さんは、あのオリンピックフィギアスケーターの渡辺絵美さんだ。

谷川岳の山頂は二峰に分かれており、それぞれトマの耳、オキの耳と呼ばれている。その日はトマの耳に竹花さんのガイドで登頂成功。自分の足で歩いて山の頂まで来れたことが嬉しかった。

最初は冷静に記念の石を拾ったりしていたのだが、そのうちなんだか感情が押さえきれなくなり、思わず山頂ででんぐり返り。下山する段になっても、下に落ちている石を探しながら歩くなど、注意力散漫で落ち着きがない。案の定つまずいて前転し、コロコロコロコロ、まるで「おむすびころりん」のように斜面を転がり、あわや大惨事！ というところで、下にいた女性に受け止められた。

助けてくれた女性は、ずっと女子大生だと思っていたが、今回の本を執筆するにあたり、あらためて父に確認すると、竹花さんの仕事関係の方であることが判明した。その時確か、「山をなめちゃいけないよ」ってたしなめられた記憶がある。僕の一命を取り留めてくれた彼女のことは、今でも鮮明に覚えている。

自然の怖さを思い知った原体験

谷川岳といえば、山は美しいだけでなく厳しい場所であることを痛感した出来事がある。

この山は別名「魔の山」とも言われ、世界一遭難者が多いことで知られている。死者も多く、その方たちの霊を祀った慰霊碑もある。死者の多くは、衝立岩など危険な岩登りに挑戦し、それが叶わなかった人たちだが、だからといってそういった危険な岩登りにさえチャレンジしなければ安全かというとそうともいえない。

一ノ倉沢という有名な沢がある。なぜ有名かというと、日本有数のテクニカルな岩登りルートがあり、前人未到の大岩壁があり、そこに挑戦する登山家が次々に遭難し、その遭難者が日本一、いや世界一だったからだ。

その沢を家族で見に行った。とても嫌な空気が漂い、早く逃げ出したい気持ちになった。そこで父が調子に乗って、一般登山道から少しはずれ、沢の大きな岩に飛び移り、上に向かって様子を見に行くという行動に出た。

お付きの会社の方々に挟まれながら、数歩だけ上に登ってみせ、母と僕をハラハラ心配させたところで引き返してきた。

その時である。父の足が濡れた岩でスリップし、濁流の沢に向かって滑落した。そこにいた誰もが大きく

谷川岳・一ノ倉沢出会い。
どこかの山岳部のテント前で。
母のサングラスをかけてご機嫌。

動揺し、母も僕も叫んでいた。結局父は奇跡的に急峻な岩の斜面に吸い付くように止まり、四本の手足を岩肌に吸着させながら、必死に登り返した。母は叫び続け、僕は大声で泣き出した。周りの人が父に手を差し出すも、父はガッチリと岩を掴んでいるため手が離せない。その状況を理解できない母と僕は、気が動転して更に泣きわめいた。父は結局自力でじわじわと少しずつ登り返し、一命を取り留めた。

やっとの思いで一般の登山道に戻ってきたにも関わらず、ニヤニヤしている父を見て、ガックリと力が抜け、疲れきってしまった。それと同時に、父の軽卒な行動に腹立たしさを感じた。こんな沢には二度と来るもんかと思った。

雪崩は頻繁に起こりうる

谷川岳は、天候が崩れやすい山でも有名だ。

よく山の尾根のこちら側とあちら側で全然違う天候になる映像をニュースなどで見かけるが、まさに谷川岳もそういった状態に陥ることが多い山。スキー場にいるからと言って安全を守られるわけではなく、現に昭和四五年（一九七〇年）の冬、谷川岳の天神平というスキー場のロープウェーの鉄塔が雪崩に流された。高さ一二〇ｍの四号鉄塔が二〇〇ｍも下まで流されたという。現在は、雪崩の規模をクラス一、二、三で評価するが、その当時の規模はクラス三であろう。集落が一つ無くなるぐらい大きな規模だ。

このロープウェーの建設には、僕の父が大きく関わっており、その知らせを受けた父があわてて家を飛び出していったのを覚えている。

覚えていると言っても、正確にその時の父の表情まで鮮明に覚えているわけではなく、突然父がいなくなったことに対し母から「会社からこれこれこういう連絡が来てね。お父さん出ていったのよ」と説明を受けたことがその記憶に繋がっているだけなのかもしれない。当時、父親たちがなぜそこに鉄塔を建てることに決めたのか、後になってから聞いたことがある。

どうやらそこには当時、樹齢二〇〇年の樹木があった。その樹木の存在は、「その大きさの木をへし倒す規模の雪崩は少なくとも二〇〇年は起きていない」ことを物語っていると解釈した父たちは、林野庁の方々のアドバイスも合わせて検討し、その場所を選んだのだそうだ。

そこに二〇〇年に一度かもしれない雪崩が起きてしまった。

人間の人生のサイクルでいうと二〇〇年というスパンは長い。生きている間には遭遇しないであろうと想定できるサイクルだし、もしも生きている間に起きた場合は想定外、ということになるスパンだ。

でも自然の営みから考えた時、そのサイクルはどうだろうか。

四六億年という地球の営みからすれば、二〇〇年に一度というスパンは短く、「雪崩は頻繁に起こりうる」ということになるのではないだろうか。

時代は移り、ロープウェーはすっかり新しいシステムにとって変わられてしまった。

新しい鉄塔は当初の田尻沢と西黒沢の出会いから位置を変え、その数十m上に建てられている。

当時のロープウェーは跡形もないが、その土台だけは今も、沢と沢の出合いに残されている。そういう意味では、親父の仕事の痕跡が感じられるのは、残されたその土台のみ。

一年に一度、仕事でその付近を通りがかりその土台を見る度に、幼い日の感情が蘇る。

その時はまさか自分が雪崩や山に関わる仕事に就くとは思っていなかったけど、それでもニュースを知り心がびりびりした。

「自然の力は、計り知れないほど大きいものだ」

そう実感する出来事だった。

雪の事故を一つでも減らすために

その事故は、幸いにもロープウェーに人が乗っていなかったから、三面記事にも載らなかったけど、雪崩に埋もれて死亡したという痛ましいニュースをテレビで見るたびに思うことがある。

雪国に住む人や雪のあるところで人を指導する立場にある人には、もっと国や自治体単位で、自然の恐ろしさやその対策について勉強する機会を作ってもよいのではないだろうか。

以前あるスキー場で、女子学生グループが閉鎖中の林間コースで雪崩に会い、引率していた教員がパトロール隊を呼びに行っている間に死亡者が出たというニュースがあった。雪国では、いまだに雪かき中の老人が雪に埋もれて亡くなっているし、スキー場の林間コースでなくてもゲレンデの脇の木々から雪が覆いかぶさってきて、埋もれてしまうこともある。

人はそういう場面に遭遇した時、とっさの判断で人を呼びに行ってしまうことが多いと言うが、実は雪に埋もれた時の生存限界時間は約十五分で、人を呼びに行っていると危険度がどんどん増していってしまうのだ。

そういう時にまずやって欲しいのは、人を呼びにいくことではなく、シャベルがあればそれで、なくても手でなんとか雪を掘り続けること。それでも埋もれている人を掘り当てることは難しいかもしれないが、確率は低いにしても、人を呼びに行くよりは生存率は高まる。そういうことを知っていて呼びにいくのと知らないで呼びに行くのとでは結果に大きな差が出るのではないだろうか。

日本人は、雪深い場所での危険回避の方法を知らなさすぎる。地震が多い国だから防災訓練は多くこなしているが、雪に対する知識は圧倒的に少ない。

例えば、子どもが産まれる前に通う母親学級、両親学級で、生活における他の知識と同じように、雪深い所での子どもの守り方についても教える、学校の先生になるのならそういったことを学ぶのも必須にするなど……。

国や自治体レベルでの取り組みが今後進んでいくといいなと思う。

4 根っから山のガイドだった?

文科系のDNA

こんな仕事をしているが、実は家系を辿ると体育会系とはほど遠い。父は特別スポーツをやってきた人ではなかったし、母も文科系の人。文化女子大の服飾科を出て、その後同大学で講師をやっていた頃に東大のコーラス部に入った。ピアノも習い始めて、結婚後は、近所の音楽教室を手伝うようになり、いつしか自宅でピアノ教室をはじめた。

父親としても、家のどこかでピアノが鳴ってるような家に憧れていたらしく、そんな母を見守っていた。父自身も音楽好きで、特に交響曲や管弦楽組曲が好きだったので、父が僕に最初にプレゼントしたレコードが、モーツアルトの「アイネ・クライネ・ナハトムジーク」。これには僕もハマり、レコード盤が針で傷だらけになるまで聴いていた。

六学年上の姉が五歳でピアノをはじめた。子どもがピアノを習うことがステイタスだった昭和後期のよくある家庭の光景ではあるが、母は自分では心もとないと、千葉の有名な先生の元にまで習いに行かせるぐらい姉の教育には熱心で、「手を大事にしなさい。手を怪我するんじゃない」とかなりなスパルタ。結局姉は音大に行き、母の跡を継いで自宅でピアノ教室をやることになる。さすがに男の僕はそこまではしなかったけど、それでも三歳からピアノを習い始めた。

演歌や懐メロというよりはクラシック派の父とはよく演奏会に行ったものだ。父は二〇年近く住んだ家の建て替えの時、防音装置付きの音楽室まで作ってグランドピアノとアップライトピアノを置く肝の入れようで、おかげで姉が家を出た後は僕がその部屋を独占することになる。

そんな父の影響もあり、歌謡曲よりはクラシック志向の僕も、ピアノの発表会は苦手。蝶ネクタイに半ズボンにタイツっていう格好にどうしても馴染めず、まわりも女の子ばかりだったから、小三で嫌になって辞めてしまった。

すると何を思ったか、ある日母が僕に「柔道をやったら？」と言い出した。周りはそろばん塾や習字を習っていた時代になぜか柔道。近所に住んでいた姉の家庭教師の大学生の父親が警察官で、署内で柔道をやっていると聞いたからだ。

今思うと文科系の家系の中で、唯一僕だけが胸板が厚く筋肉質に育ったのは、この柔道通いと関係しているかもしれない。

昭和37年近藤家待望の男の子。
生まれてすぐに看護婦さんの指を
強く握って離さなかったという。

その頃、近所の美術の先生がやっている日曜教室で絵も習い始めた。油絵を習ったり、工作や彫刻なんかも楽しくてしかたなくて。一枚だけ今でもとってあるお気に入りの絵がある。日本の画家の模写だったけど、黄色しか使わず描いたヤギの絵。誰が描いたのか大人になるまで知らなかったけど、先日頸椎を痛めて順天堂病院に行った時、会計カウンターの脇でその本物に出くわして驚いた。長い月日を経ての、運命のご対面だった。

小学校2年生頃に描いた油絵。
奈良岡正夫さんの模写であった。

冒険DNA

ここまでだと、僕のイメージはまさに「お坊っちゃま」。当時のクラスメイトに後日聞いてみると、そのイメージはまさに「ちびまる子ちゃん」の「花輪君」のような小学生だったようだ。しかしそれだけじゃない。僕の中にある冒険DNAともいえる魂は、小さな頃から脈々と息づいていた。今の僕を形作った原点をたどると、幼稚園まで遡ることになる。

ある時、園で予防接種があった時、打つのが嫌でそっと逃げ出したことがある。幼稚園の裏庭で、同じように逃げ出したヤツを見つけて、「同志！」とばかりに二人で隠れることにした。まるで刑事ドラマの犯人のように、ひたすら園内を逃げまくる。まあ、最終的には捕まって注射を打つ羽目になったのだが、その時、後で思えばそれが冒険心の芽生えだったのかなと思うような高揚感、ワクワク感を感じたのを覚えている。

高い所に登るのも大好きだった。塀や門柱の上に乗ったりするのは当たり前で、物置の上、木の上、そして屋根の上に登りたがった。しかもハシゴなどを使うのではなく、塀をつたって物置の上、そこから窓のひさしを通り、雨樋を利用して屋根に登る。近所の子たちも連れて「大丈夫、大丈夫、いつも登ってるから！」を連発して登らせてしまう。で、親に見つかる前にと素早く下りようとすると、近所の子たちは下りられない。登りよりも下りの方が難しいのだ。

このことは、登山始める前のこういった体験から身をもって知ることになるのだが、その時は結局あたふたしている間に大人たちに見つかり、大目玉を食らっていた。

その当時の僕は、なぜだか穴を掘るのも好きだった。家の庭に穴を掘る。自分ちの庭じゃあきたらず、人んちの庭まで掘る。

ある日友達のお母さんから、僕と一緒にいる友達に向かって放たれた痛烈な一言。「こら、何穴ほってんの。けんちゃんと遊んじゃだめって言ったでしょ」

その時気づいた。「ああ、そんな扱いだ、俺」って。

ただ一瞬ショックは受けるんだけど、だからって萎縮したりはしない……開き直ってどんどん強くなっていくだけのことだった。

小学校の近くに大きな木があって、なぜかその枝からロープが垂れ下がっていたから、「ターザンクラブだ」と名付けてよく遊んだ。他にも秘密基地を作ったり、工事現場に勝手に入ったりもしたなあ。

誰もいない工事現場に忍び込んでブルドーザーにこっそり乗ったりもして。

ある日、パワーショベルの屋根によじ上り、そこから開いていた天窓から操縦席に忍び込んで遊んでいた時、なぜだか急にエンジンがかかってしまった。

子どもの力ではどうすることもできず、母を呼びに行ったんだけど、うちは父が電鉄会社に勤務している関係で移動はいつも電車。車を持っていないもんだから、母も車のしくみが全く分からない。まったく要領を得ないから、近くの運送会社に行ってそこにいるあんちゃんに助けを求めたんだけど、そのあんちゃんをもってしてもエンジンは止まらない。そのうちあんちゃんが、「まあさ。ガソリンがなくなったらそのうち止まりますよ。そのままにしときましょうよ」なんて言い出したんで、一旦は家に帰ったけどその晩は気が気じゃなかった。

そして次の日の登校途中に工事現場を通りがかったら、なんとまだブルブルブルブル動いてる。あちゃ～……なんかそんなのばっかり。

当時僕が住んでいる地域には、畑や田んぼがたくさんあったから、肥だめ付近で遊ぶのも好きだったなあ。人を落っことす。僕が落ちるんじゃなくて近所のガキどもを落とす。

足立区の竹ノ塚駅周辺はまだそんな雰囲気が残っていた。

一人では行かない、必ず誰かを連れていく

僕は、近所の友達を連れて、行っちゃいけない場所に行くのが好きな子どもでもあった。一人ではいかない。必ず誰かを連れていく。

幼稚園や小学低学年の頃は、「行ってはダメ！」と言われるとつい行きたくなるものだ。特に僕はその傾向が強く、駅向こうになぜだかすごく魅力を感じていた。

駅向こうは未知数で、まあ今思うと学区が違って、行く機会が極端に少なかったというだけだったのかもしれないんだけど、時々母親に連れられてスーパーの帰りにチラッと見

かけた公園が気になって気になって。単純に駅のこっち側には遊具のある公園が少なかったからということもあるし、「行ったことのない世界」を覗いてみたいという好奇心もあったと思うが、近所の年下の子どもたちを「大丈夫」とそそのかしてはその公園へ行き、帰り時間を忘れて夢中で遊び続け、しょっちゅう怒られていた。僕だけの好奇心に留めておかなかったのは、「僕が知っている場所を知らない人に知ってもらう喜び」が味わいたかったのかもしれず、その感覚は今の仕事に繋がる感覚なのかもしれない。

帰りが七時を過ぎるとみんな親に怒られる。先導したのが僕だと分っている母から、各家庭を謝ってまわるように言われるんだけど、僕は謝りに行くのが恥ずかしいからなんとか逃れようとする。それでまた怒られる。

謝ってくるまで帰ってきちゃだめって言われて、それでも言うことときかない時は、おふくろの腰巻きで電柱に縛られたこともあって、その時はさすがに泣いた。辛いよりも恥ずかしさが勝っていた。

あの温厚なおふくろがそこまでしたんだから、本気で怒ってたんだろうなあ。

そこまでされても謝るのが嫌な時は、門の上に登って塀づたいに逃げた。

思えば小学校の頃は、常に門の上にいたような気がする……。家と家の境目にある塀づたいに歩く、なんていうこともよくやった。なんとなくそういうことしたらいい気分かな、というのが動機。昔『さるとびエッちゃん』という漫画があったけど、それに近いのかな。もはや猫。

「高い所に登りたい」「塀をつたいたい」「みんなを連れてどこかへ行くのが好き」「一人じゃ遊ばない」「新しい遊びを考えるのが好き」そんな子どもの頃からの気質が、今の職業に結びついているのかもしれない。

リーダー役は担っても王様にはならない

ところでこういう冒険をする時、僕は絶対に王様にはならない。威張ると人は逃げてくということを学んだのかもしれないし、なんとなく感覚で分ってたんだと思う。僕はいつも人といたかったし、人なしでの冒険は考えられなかったから、王様役とか「ジャイアン」にはなるまいと決めていたフシがある。なるべくね。

わんぱくでいたずらっ子。
高いところにすぐ登る習性が。

そんな役を演じるよりも、「信頼を得ること」を少しずつやっていく方が人は集めやすい。そうしていれば人は自然と寄ってくることを、経験上察知していたのかもしれない。しかしそれはとても難しいことだった。

僕はとにかく人ありき。今だって山が好きだからこの仕事をしているというよりは、そこにいる人やそこに来る人が好きだからやっているようなもの。

そんな人ありきの僕が、王様やジャイアンなんかになって、人から腫れ物に触るような扱いをされたり、立ててはもらえるけど遠巻きにしか見られないなんてことになったら、もうこれは耐えられない。

じゃあ王様じゃなくてリーダー役ぐらいならどうかというと、これまたそういう柄でもない。責任逃れだったのか、自分がやりたくないことはやらなくて、自分が興味があることにだけに腰をあげるわけだから、自分でも猫みたいな奴だなあと思うし、今なら「自己チュー」と言われてもおかしくない。

まあ、わざわざリーダーみたいな役をやろうと思わなくても、自分が率先して楽しいことをやり始めると、自然と周りの子どもが引き込まれてきて、輪ができて、なんとなくチームになっていたような気がする。

よく人に「お前はまんまO型だよな」と言われる。「面白いな」って思ってスイッチが入ったらやるけど、そうじゃなかったらまったくやらない。しかも、一人ではやらない。必ず周りを引き込むのである。

ただし、その場にリーダー役がいた方が、その場が面白くなりそうだったら、率先してやることもある。

とにもかくにも「人」ありきなのだ。

楽しいことをひたすら

いたずらもいっぱいした。当時は汲取式のトイレが主流だったから、水洗式の家のタンクを見ると興味が湧いて、公衆トイレなんかに行って大きな石を落っことす。チャッポーンって落としてギャーってみんなが驚くのが楽しかった。

いまだに隣の家のおばさんに言われることがある。

「けんちゃんと言えばいつも思い出すんだけど……。私がお使いから帰って家に入るとけんちゃんがいて、うちの冷蔵庫の前に座り込んで、ヨーグルトを食べてたのよね」

どうやら人んちに勝手にあがりこんで、まるで自分の家にいるような振る舞いをしていようだ。当時あったガラスの小さな瓶に入ったヨーグルトだ。よっぽどヨーグルトが魅力的にうつったらしく、その後しばらくは近藤家でもそのヨーグルトを配達してもらっていたように記憶している。

小学三、四年になると女の子ともよく遊んだ。

当時よく遊んでいた女の子の家に行った時、家の裏に古めかしい消火器が置いてあったから、触って遊んで中身をぶちまけたことがある。二人ともドリフみたいに顔から体まで真っ白。うやむやにしようとして、白い粉をホウキで掃いたりしたんだけど、結局は見つかって怒られた。

僕の住んでいた地域は昔「前沼」とか「横沼」という地名があるぐらい沼が多く、「沼には主がいて、女の人の髪の毛がたくさん落ちていた」なんていう都市伝説もあった。

空き地に国分の缶詰の詰め合わせセットとか、家電品を梱包していた発砲スチロールなんかがよく捨ててあったから、沼にその発砲スチロール浮かべて上に乗っかって舟を漕ぐ要領で進んで沼の探検をしてみたりした。

そんなに外で遊ぶのが好きなら、ボール遊びも好きだったでしょうと聞かれるけれど、ボール遊びはどうも苦手。イレギュラーなことが大好きだから、ルールがある遊びというのが嫌だったんだと思う。

イレギュラーなことが好きだから、ハプニングが起きるともうウキウキしちゃう。そんな時こそ本領発揮で、鉄道会社がストで電車が動かなかったりすると、「だったら線路歩こうぜ。埼玉県まで行っちゃおう（足立区は埼玉県草加市と隣接しているからそう遠くはないんだけど）」って盛り上がっちゃう。

線路ではよく遊んだ。おやじが鉄道マンだったから、さすがに線路に石を乗せるような極悪な遊びはしなかったけど、ザリガニや十円玉ぐらいは線路に乗せて遊んだことはあった。今そんなことしたら大悪人だよね。

ハプニングにウキウキするタイプなら、お祭があると浮き足立っちゃうタイプかと聞かれるとそうでもなかった。

なんというか、お祭って伝統の枠組みの中で集団行動をするというイメージがあるからかもしれない。

お祭のイメージは、「つるむ」とか「群れる」っていうあまり自分にとって馴染みのない行為と結びついてる気がする。僕は一人で遊ぶより断然みんなと遊ぶのが好きだけど、それと「群れる」のとはちょっとニュアンスが違うと思っていた。

縁日の屋台は好きだけど、踊りは好きじゃないから盆通りにも参加しなかった。

後にバンドを組んで音楽活動を始めるんだけど、実は小学校までは人前で歌ったり演奏したりが嫌で、特に独唱が大嫌い。音楽の歌のテストの時は「今日は声がでません」とか言って泣きべそで逃げたこともある。

とにかくまだ世の中にない遊びを自分で考えたりするのが好きだった。自分でルールを決めるのが好き。人間力が試されるような遊びに夢中になっていた。

運動は嫌いではなかったけれど好きでもなかった。お決まりコースで少年野球はやっていたけどエースプレイヤーではなかった。がっちりした体型だったから、バットにさえあたればボールは遠くへ飛ぶんだけど、球技はすごく練習しないとなかなか上へはいけないから。

クラブ活動は陸上を選んだ。担任の先生が陸上の顧問だったからというのもあった。勝てないと嫌だから足の早いやつにまじって走るのがいやでハイジャンプをやっていた。跳躍力はあるようで、いい結果が出せたのも嬉しかった。

実は同時に演劇部にも所属していて、それがすごく楽しかった。「演劇部は女ばっかりでさ。男も必要だからお前入れよ」って陸上と掛け持ちで顧問をやってた担任の先生に言われてなんとなく。下心もあって入ったんだけど、学芸会が大ウケでそれに味をしめた。

「いじわる王女様」とかいう劇の中で魔法にかけられた王子様が変身した後のカエル役だったんだけど、そのカエルが戦うシーンでなぜかブルースリーになってアチョーってやり出す。

本番の舞台上でリアルにコケたらそれがウケた！　実はそれまでは「俺は二枚目でいこう」と思ってたんだけど、その瞬間「俺って三枚目もいけるな」って目覚めた。クラブの女の子たちにも三枚目がモテることを発見し、それからは三枚目路線。

姉が京劇や宝塚が好きで「お金出してあげるから、あんたも行く？」って連れて行ってくれてたから、演劇への興味はその影響もあるかもしれない。

姉とはすごく年が離れていたこともあって仲が良かった。『生徒諸君』なんかの少女漫画も姉の影響で読んでいたし、着ているものも姉が選んでくれていた。あの頃、姉の自転車の後ろに乗っかって近所を散歩するのが好きだったなあ。

テレビから影響されたこと

テレビを見ることはあまりよしとされていなかったけど、土曜日の夜だけは見ていいことになっていた。八時からドリフ、九時からキーハンターを見て十時には寝る。

ウルトラセブンも大好きだったけど、小四から、仮面ライダーが流行り始め、大きいヒーローより等身大のヒーローに魅力を感じるようになっていった。

ある日、後楽園に仮面ライダーショーを見に行った時、楽屋に忍びこんで、カメバズーカっていう怪人のお面をかぶって帰っちゃったことがあった。

家に帰るとものすごく怒られて、「返してらっしゃい！」って言われたけど、今更返せない。かぶったまま友達に見せびらかしていたら、蒸れてかぶれて猛烈に顔がかゆくなった。調子に乗った罰だ。

キーハンターや仮面ライダーの影響で、「バック転やれるようになりたいなあ」と思っていた僕は、押し入れに登り、背中から敷いておいたふとんの上に飛び降りるという練習を繰り返した。

柔道をやっていたので、けいこが終わると柔道場の畳の上でもひたすら練習。小学校五、六年あたりになると、跳び箱でただ跳ぶのではなく、クルッと回って着地することができるようになった。側転、バック転も覚えた。

そういうテレビや映画のアクションシーンを一手に引き受けている大野剣友会や千葉真

自宅の庭で父・祖父・姉と。
仮面ライダーの"変身ポーズ"が流行。

一のJAC（ジャパンアクションクラブ）に憧れ、真田広之、黒崎輝、志保美悦子なんかを見て「かっこいいなあ」「JACに入りたいなあ」と思うようにもなっていた。

一度JACに電話して「そこで働けますか？」と聞いた事があるんだけど、「子どもはダメだよ」と言われて終わりだった。

実は大学生になってから、『フロムA』というアルバイト雑誌で見つけて、戦隊もののショーのバイトをしたことがあった。

横浜の日吉かどこかの高架下で練習をして、十字屋の屋上のショーに出る。仮面ライダーに憧れてたけど、本物の仮面ライダーにはなれない。JACに憧れてたけど俳優になるほど顔もよくないし、思い切りも足りないっていうやつらを仕切っているプロダクションがあって。

本物じゃなくても、ショーでライダーになれたやつらはまだいい。僕なんかはショッカーどまり。しかも黒タイツの戦闘員。「イーッ」ってやつ。

ショッカーやってると「やーい。ショッカー！」とか「あっちいけよ〜」ってガキどもにぼろくそ言われて、ケリとかされるから割があわない。一緒にいるお母さんは「〇〇ちゃん、ほらあ、やめなさいよ」とは言うものの口だけ。「なんだよ。結局やめさせてねえじゃねえかよっ」って突っ込みたくなった。

それでも練習は面白かった。交通費しか支給されないから割は合わないんだけど、ボディブロー1とか2とか名前のついているパターンの型や倒れ方も教えてもらった。

ここでちょっと遡って、近藤家のDNAについて

さて、そんなやんちゃな僕を育てた両親について、ここでもう少し話しをしておこうと思う。

僕の家は、母がピアノ教室をやっていて家事があまりできなかったこともあり、お手伝いさんが来ていた時期があった。僕が幼稚園から帰るといつもその人が遊んでくれていたから、いわばベビーシッターさんみたいなものかな。その人に抱っこされていた時の感覚、今も覚えてるなあ。

僕が生まれた時、六つ上に姉。僕と姉の間に、実はもう一人いたんだけど死産してしまったそうだ。

その時おやじはすでに四〇歳。遅くできた男児だったから、大切に育てられた。

おやじは田舎から出てきたサラリーマンで、あまり体が丈夫じゃなかったようで、入院

も繰り返していた。

栃木県の足利出身で、その何世代か前は足利友禅の反物問屋をやっていたこともあるらしい。渡良瀬川という川は水がきれいなことから足利友禅が栄えていたから、ひいじいちゃんの近藤伝吉が「こんでん」という問屋をはじめた。その家には息子が産まれなかったから、娘である僕のばあちゃんが、愛媛県今治市出身の同じ名字のじいちゃんと見合い結婚して後を継いだ。

昔は跡継ぎの男子に恵まれなかった家は、女児を同姓の男児と見合いさせる風習があったそうだ。マスオさんとして家に入っても、相手も同じ名字なら姓を変えずに済み合理的というわけだ。

そんなわけで、謙一じいちゃんは今治から足利まで婿に出されて、キワばあちゃんと結婚したわけだが、じいちゃんはあんまり仕事ができなくて、「こんでん」を二代目で潰してしまった。そこで「こんでん」は終わり。

だけど二人の息子たちのDNAはなかなかに優れていて、兄弟それぞれ優秀な道を歩んだ。

一番上のおやじは、東京工業大学に入り、電気工学系を学んだ。卒業して一度は大成建設に入るが、戦後間もないMPたちがいつもそばにいてストレスで体を壊し退社。足利に戻り家庭教師をしていたら、東武鉄道の仕事を紹介されたらしい。

その後区画整理で家を売って借金を返し、栃木から両親を連れて東京へ出てきた。最初は社宅にいたけど、すごい倍率の建売分譲の獲得に成功。一戸建てを手にした。

僕が一歳の時、今住んでいる所に住み、そこにじいちゃんばあちゃんを呼び寄せた。残念ながらすぐにばあちゃんは亡くなってしまったんだけど、親孝行はできたんだと思う。

今の住まい、足立区竹ノ塚に来るまでは、今ではスカイツリーが建っている業平の社宅にいた。その隣駅は浅草。浅草は、子どもが遊べるところは花屋敷ぐらい。おやじは自分の都合のいいところへ連れていく人だったから、あんまり面白かった記憶がない。変電所の所長をやっていた時代は会社の人からも「変人所長」と言われていたらしいが、まさに「奇異な行動をする」変人だったからだ。

竹ノ塚に引っ越してからも、おやじが土曜出勤の後は、仕事帰りも、東武鉄道の本社がある業平の店までおふくろと僕を呼びつける。

その頃にはすっかり酔っぱらっていたおやじが、なんだか嫌で。おやじは酔うと大きな声を出すのがクセで、奇妙な行動をとってはおふくろが半泣きにさせられていた。たてつけの悪いドアがあると、「得意のキックでドア蹴っとばしてやるよ」って言ってドアを蹴飛ばして、そんな頃にはすっかり目が座っている。

週末に上野の国立博物館に行った時、吹き抜けの階段の踊り場まで来ると、僕を抱っこするようにして「ほ～ら」って階段から落とすマネして怖がらせたり。その時はまだ僕もノーマルだったから、そういうおやじの奇異な行動、まさに奇妙の「奇」って字が似合う感じの行動が苦手で仕方がなかった。

そんなおやじだったから、自分のテリトリーに来られるのが嫌で。

授業参観なんかもドキドキしていたし、おふくろが動けない時、おやじが僕を塾に連れて行くこともあったけど、面談とかにおやじが来るとなんだか嫌で。別に大嫌いなわけじゃないんだけど、やっぱりちょっと恥ずかしい。

塾が終わって、まだ仕事が残っているおやじと駅で別れると、別方向に行くから「ホッ」とするんだけど、対岸のホームにいるおやじから「お～い」って声がかかる。それが嫌で聞こえないふりしてシカトしてると、更に「お～い。聞こえないのか？」って声がどんどん大きくなるから、もうほんとに恥ずかしくて。

僕の隣で電車を待っている人が「きみ、お父さん呼んでるんじゃない？」って親切に教えてくれるんだけど、それでもシカトをしていると、なんとか気づかせようと「パンパン」って手を叩き始めて叫び始める。周りにはいっぱい人がいるんだよ……。もうそういうのが嫌でね。

でも自分が子どもを持ってみると、僕もおやじのDNAを引き継いでいる部分があることに気づく。似たようなことをしているみたいで……。

おやじは、酔いがまわって行き過ぎた言動をした時、自分で「やばいな」と思うとテーブルを拭き始めるクセがあったんだけど、どうやら僕も、機嫌が悪い時やそれこそ「やばいな」って思っている時に、それをやっているらしい。

それから、学校なんかで子どもに恥ずかしい思いをさせるということでもそうだ。長女の時にはあまり言われなかったけど、次女には授業参観に僕が行くと嫌そうな顔しながら「あんまり、まわりの人としゃべらないで！」とか「先生に発言しないで！」とか「っていうか、オレンジの靴で来ないで」って怒られる。

お父さんはお父さんらしく、ポロシャツなんかを着てゴルフウェアみたいな格好で行った方がいいようなんだけど、僕はお父さんらしい服を一着も持っていなくて、山のウェアとか目立つ色の服を着ていくもんだから。

おやじの話に戻すと……そんなおやじだったけど、おふくろはいつもおやじのことを立てていた。

友達の家は五時とか六時には夕ご飯を食べ始めていたと思うけど、うちはおやじの帰りが遅いからいつも八時ぐらいからだったし、週末もあまり家にいた記憶がないけど、おふくろは文句一つ言わなかった。

僕は、おやじが四〇になってからの子どもだったから、幼い頃にはすでに部長に昇格していた。

おやじが部長になった日のことは本当によく覚えている。居間と僕の部屋の間に隙間があったから、だいたい居間でのおやじの様子はわかるんだけど、昇進が決まったその日はもう喜んで喜んで。苦節何年ってことで、おふくろも大喜びで泣いていた。

父の日曜日の過ごし方は、やっぱりゴルフ。車はなかったから、下請けの建設会社の人が必ず外車で迎えに来てくれていた。

今思うと、その頃の務め人の典型的な暮らし方だったのかもしれない。

そんなおやじだったから、休みにどこかへ連れて行ってもらった記憶はあまりないけれど、遠出をしたのは谷川岳、日光、尾瀬、蔵王、榛名山、赤城山……すべて東武鉄道グループゆかりの土地ばかりだ。

社員の家族は無料で乗車できるということもあったし、僕もおふくろも車が苦手で乗ったら絶対に吐いてたから、移動はいつも電車。

東武鉄道関連の山の中にリゾート施設を作るのも仕事だったから、特に登山が趣味というわけではなかったおやじでも、登山道具を色々と持っていた。

ある日、おやじが谷川岳に通っていた頃の登山道具を押し入れの中で見つけた時は少し興奮した。

革の登山靴、カメラ、ナップザック……。見た事もないものばかり。そういうものを、勝手に出しては眺め、また戻してを繰り返していた。納戸をカチャッとあけると五徳ナイフなんかも入っていた。工具を見たりするのも好きだったなあ。いわゆる「ギア」。カメラも含め、男心をくすぐるものが、そこにはいっぱい詰まっていた。

おふくろはいつも何も言わず、おやじの様子を見ていた。本当におっとりした母親だった。

何かあると止めはするけど、激怒はしない。僕が何かやらかしても決しておやじに言いつけることはなかった。

だから、消火器をぶちまけた件も、ブルドーザーのエンジンをかけちゃった件も、後でおやじから怒られることはなかった。

唯一おやじに怒られたのは、中学でタバコ吸って呼び出された時ぐらい。その点では母親に大いに感謝している。本当は誰でもやりたい、でもみんな親に怒られるからってどんどんやめていくようなこと、オスとしての欲求を満たすような行動というか……それをやめずに続けていられたのは母親のおかげだ。

中学受験はしてみたものの

小学低学年のうちは、友達と遊んでばかり。習い事といっても情操教育や体づくりが目的の習い事しかしていなかった僕も、いよいよ高学年になるとご多分にもれず塾へ通うようになった。いや、ご多分にもれず塾へ行くのは最近の傾向らしいから、その時代に塾通いというのは珍しい方かもしれない。

僕は見かけによらず（？）アカデミックな親族が多くて、例えば父の弟の義郎は、京大を出て岡山大学で考古学を教えていた。「月の輪古墳」を発掘して記録映画にもなり、学研の『科学』と『学習』の付録でおじさんの短編小説がついてきた時はとても驚いた。下の弟の修一は東大を出て大蔵省入省後博報堂の取締役。その息子たちも全員優秀で、いとこたちは一橋から商船関係、筑波大を出て研究者になったりしている。母方のいとこも優秀な人が多かったから、小学校までは多少なりとも親も親族も僕に期待をしていたようだ。

そんなわけで、五年生にもなると四谷大塚という受験対策塾へ。そういうところは通っているだけでダメなやつも引き上げてくれる。夏期講習なんかにしっかり行って学校の授業を先取りしているうちに、理科の実験だってうまくできるようになる。

小学校生活はあっという間に過ぎていき、いよいよ中学受験。もちろん全滅だった。受験対策の塾に通ってはいても、友達と遊んだり、クラブ活動したり、とにかく勉強以外にやりたいことがいっぱいあってサボっていたからね。

でも親は「中学受験がダメなら高校受験目指して今から頑張れ」と、小学校卒業前から今度は高校受験対応の桐杏学院へ通うことになって。ここまでやる親は相当教育熱心な部類に入るんだと思う。よく目をかけてくれたものだと思うけど、そんな親も中一の半ばぐらいには、「ああ、コイツ勉強はダメだ」ってあきらめたみたい。それから「中学デビュー」って感じではじけていった。

その時点でめでたく塾を辞めることになり、もうその後は音楽、音楽、音楽。

中学は、足立四中に越境通学。ビートたけしさんも通ってた進学率の高い学校だったが、校庭が狭く部活のラインナップの中に野球部やサッカー部はなく、今もくされ縁の篠塚との出会いがきっかけになり、吹奏楽部に入った。

篠塚は、僕と同じく越境組で、あいうえお順の並びで席が後ろと前。自己紹介の時の篠塚の一言、「趣味は作曲です」に衝撃を受けて、「俺も音楽やってみたい！」って、吹奏楽部に入部した。

吹奏楽部には、音大付属高に行くような優秀な先輩もいたり、指導の柳井先生は優れた作曲家でもあり、キャンディーズの田中好子さんの弟の一夫もいて、みんなで演奏することに楽しさを見い出した時代だった。

楽器はパーカッション。ドラムに興味があったのもそうだけど、それしかパートがあいていなかったのが大きな理由。

篠塚は曲も作るし、実家が裕福だったから楽器も自由に買える。篠塚はトロンボーンを吹き、ベースギターをやっていてギターができるやつを探していたから、「じゃあバンド始めようか」って同志を集めて。吹奏楽部で使っていた学校の太鼓を週末になると借りては篠塚んちに運び込み、練習した後月曜日にはまた学校へ持っていくという生活がしばらく続いたが、学校で借りた太鼓だけでは足りなくて、ドラムを反対してた親に内緒でお小遣いをためてはドラムセットのパーツを一つずつ買い揃えていった。自宅に送ると親にバレるから、ドラムの送り先は篠塚の家。結局ドラムは五年かけて揃うけど、高三で親にカミングアウトして家に持ち帰ってきた。

何が楽しいって、みんなで作った曲を録音するのが楽しくて楽しくて。「浴衣の君はとてもきれいで」とか、今考えると赤面するような歌詞を書いていた。もう色々想像しちゃって。

その頃にはすっかり勉強への興味が失せて、高校受験の勉強も全くやる気がなくなっていた。それでも高校へは行きたかったから、私服で行ける足立高校っていう都立を目指してて。足立高校の文化祭行くとバンドがすごくかっこよくて。私服だとロック系の格好ができるし、じゃあそこへ行こうって。まあでも動機がそんな理由だからうまくいくわけもなく見事不合格。

どうしようかなと思っていたところに、同じ足立区内の渕江高校の二次募集があることを知って申し込み、八〇倍とも言われた倍率の中、奇跡的に合格。するとそこには運命の糸で結ばれた篠塚が待っていたのだ。

この奇跡の合格劇には面白いエピソードがあって。実は僕は翌日二次募集の試験があるというのに、あろうことか中学で仲良かったすでに進路が決まった友達たちの、「鎌倉へ行こう」って話に乗っかってしまった。女子も一緒で楽しそうだし、その時流行っていた縁結び寺だとか縁切り寺なんかを巡るという企画も興味深い。で、しばらくウキウキして回っていたら、ある寺でひいたおみくじの「学業」の欄に、なんと「願いごと、今から思い直せば叶う」と書いてあるではないか。

それで突然僕は思い立って、「俺さ、ちょっと帰るわ。明日試験だからさ」って。仲いい男女だったからもちろん続けて最後まで遊びたかったけど、後ろ髪をひかれる思いで断ち切って家に帰って勉強。結果それで受かったんだから、やっぱりおみくじの威力はスゴいし、それに素直に従った僕もスゴい。

5 山岳部へ

高校入学

偶然に偶然が重なり、運命の篠塚と再び同じ学び舎に通うことになった僕は、引き続き音楽をやる気満々だったのだが、その学校には軽音楽部がなく、驚いたことに吹奏楽部もなかった。かろうじてフォークソング同好会という部活と見なされていないサークルのようなものはあったが、やはりちゃんとした部活には入らないと、という気持ちが働いた。

そんな時、同じクラスの隣席のやつが山岳部に入ると聞いた僕は、ふと中学時代に友達からよく投げかけられた言葉を思い出した。

「近藤、なんでお前は運動してないのにそんなに筋肉質なんだ？」

「なあ、なんでお前の胸板はそんなに厚いんだ？」

きっと小学校時代に少し習った柔道で体の基礎ができたからだと思うが、

「うん、確かになんとなくガタイがよくなってきてる気がする」

高校生ぐらいになって改めてそう思った僕は、中学校には存在していなかった未知なる魅力を秘めた山岳部の扉を叩くことに決めた。

今覚えば高一の体力測定の結果は、中学では何も運動らしい運動はしていなかったのに、握力も跳躍力も背筋力も学年有数。特に持久走はクラスで一位。学年では一人だけ僕より速いのがいたが、そいつは早々とボクシングを始め学校まで走って通っていて、後に四回戦ボーイにもなっていたようなヤツだから仕方がないけど、いきなり高校生の平均運動能力レベルが落ちたのかと本気で思っていた。

しかしそうではなく、確実に自分の運動能力が引き上がってきていたのだ。一体どのDNAがそうさせていたのか、高校に入ってからは一気に登山向きの能力が身に付いていたように思う。

そうして入った山岳部だったけど、寂しいことに部員がほとんどいなかった。

二年の先輩は幽霊部員。先輩は受験をひかえた三年生しかいなくて、あとは一緒に入った仲良しの一〇人だったから、そいつらと週末に上からの圧力なしにのびのびと山に行くのを楽しみに日々過ごしていた。山岳部は平日に目立った活動がなく、それもあって理科の準備室みたいなのが部室代わりだったので、みんなで「俺らで部室とろうよ」「主張しなくちゃね」って言い合って、突然放課後の練習活動を始めた。おんぶして階段を登ったり、空気椅子をやったりアピール作戦の甲斐あって晴れて部室をゲット。そうやって仲間同士でワイワイやっているのが楽しくて、どんどんハマっていった。

とはいっても僕はその当時もバンドは続けていたので、活動の割合はバンド七割、山岳部三割。平日の活動はそこそこに、週末の登山だけ参加なんていう調子のいいことをやっていたので、みんなからは「あいつ部活来ねえな〜」「普段全然こないくせに登る時だけ現れてえらそうにして」って。その時の仲間とは今も仲いいけど、いまだに言われ続けている……。

痛恨の留年、しかしそれがきっかけで大きな出会いを果たす

山登りに遊びにと全力で楽しんだ高校生活を僕は三年ではあきたりず、四年送ることになる。

あいかわらず僕のドラムは篠塚んちに置きっぱなしで、まだまだドラムセットのパーツをちょっとずつ買い足している時代。金が必要だからとバイトしていた喫茶店の先輩たちがワルばっかりでみんな車《カー》キチ。一年生の時に高校で禁止されていたバイクの免許を取り、先輩が日光に乗りに行くというと、一緒にくっついて行ってどんどんモーターバイクにもハマっていき、筑波サーキットに行くというと、学校サボって行っていた。

家の前に住んでいたお兄さんにバイクを借りてツーリングに行ったりして。暴走族みた

いに走り回るというよりは、そうやって山の中へ行ったり旅したりすることが楽しかった。山岳部の仲間全員でバイクの後ろにテントを積んで山に行ったりもした。

そんなこんなで学校の方がすっかりおろそかになってしまって。古文の先生が山岳部の副顧問の先生で、「五〇点以上とったら上の学年にあげてやる」と言われて頑張って五〇点取ったんだけど、「それだとお前の人生へのメッセージにならないからやっぱり留年」ということで結局留年決定。

その年の留年生一四人。うち退学せずに通い続けたのが三人。そのうち卒業まで通ったのは僕だけだった……ってエラそーに書くことじゃないけど。

山岳部の仲間うちではなんと部長と副部長と僕が留年。部長の黒田はバイクが好きで、エンジンばらしてまた戻して、結局動かなくもするけど機械に強かったからそっちの方向で働き始めるって言って。副部長だった上石は山の料理もうまかったから、料理人になるって言って。でも僕はそういうのがなかったから、「俺は高校二年をもう一回やる」って言って。実はこの留年こそが山にのめり込む最大のきっかけになった。

高校二年生を二度やるということは修学旅行に行く機会も二度訪れるわけで。実は一度目の修学旅行で、タバコが見つかり謹慎になっていた僕は、二度目に行くのにためらいがあった。

一度目の修学旅行。たまたま旅行の初日、待ち合わせ時間までパチンコをしていたら勝ってしまい、たまたま持っていた景品のタバコが、旅先でたまたま女子が預かってくれていた制服のポケットからぽろりと落ちて。

担任の先生に修学旅行中に呼び出されて、「近藤、ちょっと来い。これは何だ」「え？　いやあ、それ俺んじゃありませんから」「じゃあ、この生徒手帳は誰のだ。タバコとセットで落ちてたんだぞ」「あ、すみません。俺です」「お前なあ。俺はお前がタバコを吸ったことより、お前のウソがあまりにもヘタすぎることにショックを受けたぞ」というようなやりとりの末に旅先で停学処分を受け自由行動なし。旅の終わりには母が東京駅まで迎えに来させられるという哀しい結末を迎えたのだから、思い出したくもない。

いまや同級生になった後輩たちからはけっこう慕われていて、「近藤さん、修学旅行一緒に行きましょうよ」と何度も誘われたが、さすがに修学旅行なんて二度行くもんじゃないと思ったのと、何より旅先でまた問題でも起こそうものなら、今度はしゃれにならないな、という思いが頭をよぎった。

果たして、その時の修学旅行に行かない決断は、僕にとって大きな転機となった。修学旅行で使うはずだった積立金の約五万円を学校が返してくれたので持ち帰ると母親が「このお金、全部自分のために使ってみたら？」と。その一言が僕のその後を決めたのだ。

「本当に？」もちろん欲しい楽器はいっぱいあった。でもその時なぜだか、物欲のためにそのお金を使っちゃいけない気がしていた。親から、お金を「モノ」に使わずに「経験」に使えと言われているような気がしていたのだ。

そこで、やりたかったけどまだやっていないことを考えはじめた僕の思考は「雪山登山」にたどり着いた。その時の都立高校生は雪山登山や岩登りをすることが禁じられていたので、一度も経験がなかったのだ。ダメと言われるとやりたくなるのが人の性。ダメと言われていたことは、タバコも酒もバイクもバイトもなんでもやってきていた僕にとって、その思考の流れは自然だったといえる。

そこですぐに色々な登山雑誌を引っ張り出し、片っ端から雪山登山教室をやっている所を探し、猛然と電話をかけはじめた。「宝剣岳（ほうけんだけ）」という山に行きたかったので、その講習会をしているガイドをあたった。実はその頃僕は宝剣岳をタカラツルギダケと読むと思い込んでいたので、最初に電話に出た相手に「あの、すみません。タカラツルギダケの雪山講習会に参加したいんですが」と言ってしまった。そしたら思いっ切り嫌な感じで笑われたので、「絶対こいつの講習会に行くもんか」と次に電話。しかし高校生が雪山に参加すること自体が禁止されていたので次々に断られ、唯一拾ってくれたのが雑誌に載ってた笑顔のイラストが優しそうな根岸さんというガイドさんのところ。「どうしても行きたいの？　しょうがないなあ。ほんとは高校生連れて行かないんだけどね。君、近くにご両親いるなら電話かわって」って言ってくれて。

この根岸さん、アイガーの北壁直登ルートを今井通子さん、加藤滝男・保男兄弟と初登頂したすごい山岳ガイドだった。僕はその記録を国語の教科書で見たことがあったのを思い出し、「まだ捨てていないはず」と家の物置を探し始めた。ようやく探し出した教科書の中に「根岸」の文字を見つけた時は本当にトリハダが立った。

それが運命の人、国際山岳ガイド・根岸知さんとの最初の出会いだった。

初の雪山、そこで経験したこと

雪山に行けることになった僕は有頂天。またもや形から入ることにし、文京区に今でもあるGOROという山の店に早速冬山用の登山靴をあつらえに行った。普通に買えばいいのにまたも特注。この時点で修学旅行の積み立て金の範囲はとっくに超えていたのだが、さすがは特注。中敷きがフェルトだったりとやっぱり既製品とはワケが違う。

しかしあつらえものの割にまったく僕の足にあわず、歩くたびにマメだけが増えていく。

一級下の後輩が靴ならしに一緒に行ってくれた丹沢でももうバテバテ。痛くて痛くて大丈夫かなあと不安になったが、本番になったら不思議なもので一切足にあたらない。つまり、普通の山と雪山とじゃ、やっぱり歩き方が違うということだったのだ。

根岸さんとの雪山登山が始まると、いやもう勉強続き。

その時のコースは二月下旬の五竜岳だったのだが、実は後立山連峰には縁がある。

都立高校の山岳部が北アルプスで合宿するというのはほぼなかった時代、三年の先輩が北アルプスに行きたいって言ったので、僕らは一年の頃から北アルプスへ合宿に出かけていた。白馬から五竜まで歩く縦走。だからすごく思い入れがあって今でも「どの山が好きですか？」と聞かれると「後立山連峰です」と答えるほど。

根岸さんと行った五竜岳は、そんなわけで行ったことはあったものの、雪山の経験はまったくなし。

何もかも初めてづくしの中、まずは泊まる場所を確保すべく遠見尾根を登って雪洞づくり開始。ここからが試練の始まり。要領が分らずぼーっと立っているうちに、中から投げら

雪洞の中での食事。
根岸さんは食にも重きをおくエンターテイナーだった。

れた雪がボンと目にあたり、目が塞がらないほどになってしまったのだ。偶然にも同じグループの中に眼科の先生がいて「まあちょっと傷ついてるけど、大丈夫だよ。失明はしてないよ」と言ってくれた時は驚くやらホッとするやら。

そうこうする間に更なる試練。夜、根岸先生とアシスタントの人が騒ぐ声で目が覚めると、雪洞の中が酸欠状態に。風で運ばれてきた雪が入口を塞ぐことで起こる現象なのだが、頭がぼーっとしていてうまく動けない。

蝋燭に火をつけようと思ってもつかず、アシスタントの溝口さんが入口の斜面で一生懸命穴を掘っているのを朦朧とした状態で見ていることしかできなかった。その後、溝口さんがあけた穴から入ってきた空気で頭が一気にシャキッとしたのを覚えている。あれはすごい経験だった。

その時活躍してくれた勇敢なアシスタントの溝口三郎さんは、今では世界で唯一の「チタンでピッケルを作る職人」に。「ミゾー」と言うブランドで、とにかくものすごく軽い。溝口さんはすごいクライマーでもあり、ガイドの資格ももちろん持っているから、まあ、そ

初めての雪山。五竜岳登頂後、根岸さんと。

の時はそんな人たちに支えてもらいながら、どうにかこうにか登頂したというワケで。

そして下山。この時もまた大きな大きな経験をした。根岸さんから、「下りる時ね。靴の裏のアイゼンの爪の裏に雪のおだんごができるんだけど、それを一歩一歩ちゃんと落として歩きなさい。次の一歩で落とそうと思っても手前の一歩で爪がささらなくてスリップするから。雪山では妥協しちゃいけない」って言われたにも関わらず、僕はそれを億劫がって、雪だんごを落とさずに先に進んでしまった。そして見事、滑落。

雑誌で「滑落停止法」なるものを読んだことがあったぐらいで、根岸先生はそんなのは僕に教えてなかった。なぜなら「そんなので止まると思われたら困る」から。その教えは今の僕にも伝承されていて、今でも僕は簡単には人に教えない。

どんどん下に滑落していく中、僕は雑誌を思い出し見よう見まねでやってみた。止まらない。上からも「ああしろこうしろ」という声が聞こえていたが、全然聞き取れなかった。

結局は傾斜がなだらかになったことと、落ちながら体に付着していった雪の重みで盛り上がり止まったことは止まったのだが、先生たちの一行からは相当逸れてしまった。

そこで僕は先生たちに早く追いつきたい一心で、斜面を最短距離で斜めに登ろうとしたのだが、そこでも一喝。「とにかく上へ上がれ！　直登だ。それが一番安全なんだ！」と。

で、まっすぐに登っていたら、そこにその上の白岳の斜面からの雪崩が。

いわゆるスラフというタイプの雪崩だったので、積雪表面の薄い雪がはがれて落ちるだけのものだったのだが、それでも体にあたるとボコボコボコとすごい音がして足をすくわれた。僕はただ「ピッケルだ。ピッケルを打ち込め。打ち込んで耐えろ！」という根岸先生の声を聞きながら、ザックを盾にして必死で耐えた。

その後、なんとか無事下山して幕を閉じた初めての雪山登山。色々な目にはあったが、隊の仲間は、おそばやさん、お医者さんと多彩な顔ぶれで、大人たちの話を聞いているのが楽しかった。そのうちの女性は、雪洞まで山スキーでやって来て、「そっか、スキーってそういう楽しみ方もあるのか」と感動もした。

根岸さんの用意してくれたごはんも最高だった。豚肉を味噌漬けしたものをわざわざ持ってきてくれて、それを焼いて食べさせてくれた。味噌は味つけのためだけでなく、肉を保存するのにも有効だと聞いた。そうやって僕たちを楽しませてくれ、明るく接してくれた根岸さんに、僕は大いに影響を受けた。

根岸さんは決して怒らない。いつも明るく朗らかで、唯一たしなめられたのは、滑落した後だけ。「真上に登ってこい。一歩一歩、雪を落とせって言っただろ！」「冬山では妥協をしてはいけない」って強く言われた。肝心なこと、命にかかわることはしっかりと。でもそれ以外は朗らかに。

今この仕事をやっていて、「近藤隊は食事に重きを置いている」とよく言われるが、その原点はこの雪山登山だと思っている。

そうして幕を閉じた僕の雪山登山は、ピッケル、アイゼン、ラッセル、ロープワークに加え、酸欠あり、滑落あり、雪崩あり、ロープワークありの初めてづくし。修学旅行に行くはずだった五万円で僕はその偉大なる経験を手に入れることができたというワケだ。

無茶な岩登り体験の末に得た「本物の技術」

高二の夏、仲間と行った鳳凰三山をきっかけに岩登りにも興味が出始めたのだが、こんな出来事があった。

南アルプスの手前に地蔵岳というのがあって、その山頂にオベリスクがあった。そこに僕はなぜだか登りたくなって。ザイルもなくクライミングシューズもない状態。いわゆる登山靴で登った。みんなトライしては「わ〜。やっぱ無理」とか言って引き上げてる中、僕だけ調子に乗って登ってしまった。登ったはいいけど下りのことを何にも考えていなかったから、降りられなくなって。みんなが下の方で「大丈夫大丈夫、俺たち受け止めるから！」って叫んでた。もうこれ以上は限界って所まで腕でぶら下がって、そこから飛び降りてなんとかなったんだけど、ふと冷静に考えるととても危ないことをやっていたなと今では思う。

鳳凰小屋っていうところから下に降りる時に、おかしいなと思うことがあった。その下には、御座石鉱泉と青木鉱泉という登山基点となる小屋があるんだけど、鳳凰小屋に泊まった人は、帰りにどちら側のルートで降りるかは自由なのに、「あっちは道が悪いですよ」って小屋の人に阻止された。途中で見える滝のことも「大した滝じゃないよ」とか「よく見えないよ」とか言って。要は御座石鉱泉と鳳凰小屋が同じ経営なんだよね。カチンときたのは、そこでキャンプが出来ないって言われて泣く泣く小屋に泊まることになった時のこと。炊事場にゴミ箱があったからそこにゴミを捨てようとしたらスタッフの人が出てきて「ゴミを持って帰るのは山の常識でしょ」って言われて。「そりゃいつもは持ち帰るわっ。ゴミ箱って書いてあるから入れようとしたんでしょ」って言って。もう全員でいつかギャフンと言わせてやるって思った。

その鳳凰山の地蔵岳のオベリスクに登ったことを、「お前たいしたもんだな。岩登りやった方がいいんじゃねえの？」って友人に言われたこと、僕には結構ひびいてて。言った本人は「俺そんなこと言ったかなあ。まあ、言ったかもしれない」ってあんまり覚えていないみたいだけど、実はそれが、「俺って岩登りに向いてるのかなあ」「自分はセンスあるかも」って勝手に思った瞬間だった。

その思い出深い岩登り体験の後、修学旅行に行かずに冬山へ行こうとして出会ったのが根岸さん。

体力勝負だった山が根岸さんと出会ったことで、クオリティーの高さに繋がった。岩登りもやりたくなっていた時期だったから、雪山の後には一度だけ三つ峠に岩登りにも連れていってもらった。根岸さんもバイクが好きだったから、東京から山麓まで一緒にツーリングしながら。帰りに河口湖に寄って生まれて初めてのフライフィッシングも経験させてもらった。

そういえばその時もハプニングがあったな。

岩登りの講習が終わった後、僕はお金がないから一人だけツェルトで寝る準備をしていたら、根岸さんがやってきて「岩場で墜落した人がいるから、これから救助に行く。近藤君の寝袋が必要になると思うから、用意して待機していてくれ!」って。とてもびっくりして、さっきまで自分が登っていた岩場で人が落ちたと聞いて震えた。数時間かけて、根岸さんは他のプロガイドさんたちと協力して敏速に行動し、警察やレスキュー隊の力を借りずに遭難者を救助してきた。

上に引き上げるのではなく、下につり下げ救助したスタイルも新しく、感心するばかりだったのだが、その中心でリーダー的に動いていたガイドさんが、長谷川恒男さんなのだった。雑誌やテレビで見かけるその顔、そのテキパキとした動きに目を奪われた。

僕の寝袋は血だらけになってしまったそうで、後日無事命をとりとめた東京獣医畜産大山岳部より、新しい寝袋とお礼状が送られてきた。

名だたる名ガイドさんたちと一緒に救助に参加できた気がして嬉しく思ったと同時に、こんなガイドに、こんな人間に将来なれたらいいなあ、山岳ガイドを仕事に、人生の生き方にしてもいいかなあと、意識し始めた出来事でもあった。

それまでは、高度な山へ行く時も、見よう見まね。本を見ながらだった。部活でも特に代々先輩方から受け継がれてきた技術があったわけじゃなかった。学校の先生も岩登りはやっていなかった。山へ行くのが好きというよりは、みんなといるのが楽しくてゾクゾクしてた。その「楽しみのための登山スタイル」に、根岸さんは「本物の技術」を植え付けてくれた。

高校OBの仲間内で、大学生の最初の夏に穂高に登ったことがある。帰りに新穂高に下山する道より穂高側に岩があり、ルートでもないところを面白半分に登り始めて、九死に一生を得た事もある。

なんでそんなボロボロの岩壁にとりつかれたか分からないけど、見上げた時、空に続くようなその大きな壁に惹かれてしまった。

　高校の仲間たちへのロープワークや岩の技術に関しては僕が伝えていたと思う。そんな素人のクライミングなのに、人が登っていない所（というよりマイナーで人が気がつかない所）や人が入っていない所が好きだったのと、せっかく持ってきたハーネスやロープを使いたかったことから、ついそんな所へ行ってしまった。ロープは二本。一本は僕がリードしてのばし、もう一本は後輩がのばしながらついて来ていた。

　ワンピッチ区切りの良いあたりで確保場所を探していた時、僕が足をのせて身体全体で抱きかかるように掴んだ冷蔵庫ぐらいの大きな岩が、岩壁から、まるで積み木をはずすように抜けてきて、空中に飛び出した。

　左手だけは違う岩を掴んでいたので、自分は滑落を免れたが、二番目に登ってきた後輩は、見上げた空に黒い物体が浮いているのを見てパニックとなった。

　せっかく習得した根岸さんの教えを、台無しにするところだった。「無謀な学生の登山ごっこ」なんていう新聞の見出しが頭をよぎった。

　根岸さんに教わった技術を披露したくて、軽々しい考えで、感じるままに岩にとりついていた。

下にいた僕らを確保していた仲間は、ロープを放り出して一目散に散って逃げていたが、後輩のロープを確保していたやつも仕事を放棄して逃げたので、後輩は三mぐらい滑落して、背中に傷を負うことになってしまった。

高校で培われた「巻き込み力」

負ける喧嘩はしない。冒険もしない。いまだに賭け事はしない。競馬もしたことない。家族でグアムに行った時、「ドッグレースやろうか」っていう流れで、少しやったぐらい。高校の時パチンコはしたけどつきあい程度。宝くじも買わない。

もともと勝負事は苦手。人と争うのは好きではない。競技スポーツにいかなかったのも勝ち負けが好きじゃないから。

喧嘩は絶対したくないから、喧嘩になりそうになるとこっちがひく。挑発はしない。それよりも、僕はどちらかというと、みんなのパイプ役になって橋渡しをしているのが好き。争いよりも平和な方がいい。仲間が増えたり、友達を紹介するのが好き。

高校の時、違う高校のいわゆるツッパリ軍団が大挙してやってきて同級のツッパリを呼び出そうとした時も、ちょうどその中に中学の知り合いがいたから「ねえねえねえ」って僕が前に出ていって「呼んでくるけどさあ。放課後まで待ってられる?」って聞いたり、「まあさ、仲良くやろうよ」とか言ってガス抜きしたり。余計なことについ首を突っ込んでしまうのも性格かも。

結びつきがない人同士を繋げるのも好き。新しい繋がり、サークルみたいなのを作っていっちゃう。巻き込むの好き。「俺の友達はお前の友達だから」って言ってどんどん繋げちゃう。たまにそれをやりすぎて嫁に怒られるんだけど。

ぜんぜん関係ないやつを場違いな場所に連れていってわーって大騒ぎするもんだから、「今回はさ、○○ちゃんの会なんだからさあ。趣旨をちゃんと考えてよね」って。

でもアドベンチャーガイズの活動ではそういうのはとても大事。実際に同じ山に登るっていう目的がある場合、そこで初めて会うよりは、その前に顔合わせをしておいて、仲良くなってもらう方がいいように思う。だから、「あ、この人とこの人は横の繋がりが作れるタイプだな」って感じるとすぐに繋げる。

変な言い方かもしれないけど、僕とだけパイプがあるよりも、トーナメント制みたいなパイプになってもらった方が、登山やツアーがスムーズにいくというのもある。隊全体の流れを決めたり、みんなの意見をまとめたりする時に、僕に何か意見を言ってきてくれる前にすでにみんなで共通の価値観があったり意見の擦り合わせが自然にしてある状態だと「ああ、何さんと何ちゃんと何ちゃんの意見も同じようにこれなのね」っていう理解が早い。そうすると僕は四人分の意見に対して一つ判断して答えればいいことになるから動きも早くなるし、全体をまとめやすい。

みんな山へ来ると、指示を直接聞きたいし僕としゃべりたいし、僕から技術を学びたい。それは僕にも伝わっているし、僕もなるべくなら一人でも多くの方に接していたい。でも物理的にそれはなかなか難しいから、僕以外のところであらかじめ繋がっておいてもらえると、お互いによいことが増えるんじゃないかというのが僕の考え。

もし一人ひとり対応したとするとそれだけ時間がかかり、その分待たせる人が増える。それはともするとは「近藤さん、忙しくて僕のこと相手にしてくれないから」ってあきらめて別のところに行っちゃうということにも繋がりかねない。無意識だけどなんとなくそう察知しながら仕事を進めているんだろうね。

あと、昔から一人ぼっちの人ってすごく気になる。一人ぽつんとしている子がいると、なんか気になってちょっかい出しに行く。目立たない子に男でも女でもちょっかい出して「来いよ！」ってやる。性格だね、これは。僕の記憶を辿るとそう。長女が小さい時に知らない土地での旅行中、同年代ぐらいの子どもを見つけて「アタシ梢恵、あなたは？　一緒に遊ばない?」って話しかけているのを見て、「ああ、これDNAだな」って感じた。

ガイド中に孤立している人がいたら話しかけるのは「商売だから当たり前でしょ」って言われるかもしれないけど、商売じゃなくてもそうしてると思う。昔からそうしていたし、そういう性分だし、だからこそこういう仕事してるのかな。

「よく見てるねえ」とか「目配りしてるの?」ってよく聞かれるけど、そんなつもりはなくて自然にしていている。

仕切るけど、目立ってる人しか相手にしなかったり、大枠でしか見ていない人もいるけど、僕の場合はおとなしい人にもなぜだか目がいく。

実は僕の場合仕切るのは苦手。だから幹事は苦手。だってしっかり全部やんなきゃいけないから。いい出しっぺにはなるけれど、みんなに連絡するのとか細かな仕事は苦手だから、なんとなく右腕みたいな人がいる方がいいタイプ。

周りを見渡してみると、昔からなんとなく、あいつが連絡とかして、こいつがこれ準備して、リーダーがいてっていうのが自然とできあがっていることが多い。これは友人やゲストにも感謝。

僕がリーダーをやるとガタガタで、やりづらいなっていうのは自分でもわかってるから。口だけ出して、やるべきことは手も出して、あとは仕切らない。というか仕切れないだけなんだけどね。

学校の先生からも、「お前に一任するから後はよろしく」なんていうような任され方をしたことがない。だからリーダーとか幹事とか仕切るとかはできないんだと思う。でも、なんとなく僕がいるとみんなをまとめる、というより巻き込むから事が進みやすいんだとう思う。うまく言えないけど。

最終的には言い出したくせに遅れてきたり、ダブルブッキングしてて怒られることも多々あるけどね。

先輩、後輩、先生……縦の繋がりも垣根なく

学校の先生に対しては、尊敬こそしていなくても、敬意というか好意は常に持っていた。でもだからといって先生の役に立ちたいとは思っていなくて、どちらかというと先生をいじってみんなからのウケを狙いたいという方がまさってた。

頭の薄い先生がいると授業中に「アデラ〜ンス〜」って節をつけて歌ってみんなが笑いをこらえる姿を見て喜んだり。ある時その先生が授業中に怒っちゃって「今、歌を歌った

のは誰だ」「はーい」「近藤か。みなさん、近藤が歌ったのはどういう意味かわかりますか？」みんな笑いを堪えるのに必死で答えない。すると先生は怒り心頭に発して「近藤は廊下に出ていなさいっ。出ろ、出ろ、出ろ」って甲高い声になっちゃって。

高校生で廊下に出されるってあんまりない。いまだに同級生と会うと「出ろ、出ろ、出ろ」って先生の声真似でネタにされる。

今はいじめに繋がるからあだ名ってつけちゃいけないらしいんだけど、あの頃は先生に対していろんなあだ名をつけていたなあ。

顔のでかい先生は「デカメン」、ワニとカッパに似てるから「ワニガッパ」、宇宙人に似てるから「インベーダー」、いろんな面白いあだ名があった。決して馬鹿にしてるわけじゃなくて、しっかり好意も敬意も持ってたんだけどね。

「デカメン」っていうラサール出の優秀な英語の先生は、授業がだれてくると、「おい、近藤。前に出ろ。なんか、やれ」って促してから、「ほら、みんな、イッツ・ショータイム！」って叫ぶ。僕が教壇に立って一発芸をやる時間だ。例えば僕が教壇の机の上に寝そべって、「じゃあ、先生俺が縮こまってるから、触って下さい」って言う。先生が僕をちょんっと触ると、「ミミズ！」とか言って体をくねくねしてジタバタ暴れたり、「するめ！」とか言って手足を広げた状態から怪しく手足を動かしてくねくねしながら段々と屈折し、焼けて縮こまっていったり……その頃形態模写みたいなのが流行ってて、そんなことばっかりやってた。

「あいつは何かの外側にいる。アウトローなやつだ」っていうことは先生も認識していたから、あんまり学園生活のメインのことでは呼ばれないんだけど、なんとなく楽しいことに僕を巻き込んできた。

文化祭になると、「お前。なんかイキイキしてんなあ」って声かけてきて。まあ、二年を二回やることになった時は、あんまり僕が影響を与えないようにって自粛していたけど。「俺がいなかったら、この子たちはこうなってたはずだ」っていうのを変えちゃいけないっていう気持ちが強かったんだと思う。

そういえば、留年した時、後で嫁になる彼女が、三階から二階、つまり一学年下の僕の教室に休み時間にちょくちょく来て「けんじー」って呼んでたことって、今思えばすごいことだなあと思う。

きっと僕への思いやりだったんだろうけど、当時はそれが恥ずかしくて。

でも嫁はかなりの人見知りだし、人前に出るのが嫌いだし、それを別のフロアにいる僕のところまでわざわざ足を運ぶってすごく勇気や行動力のいることだと思う。

今振り返るとすごいって思う。今あらためて「ありがとう」って言いたい。

彼女は、「ここではおとなしくしてるけど、一学年上の三年生の中に入ったら、ほんとはけんじはすごいのよ」っていうことが言いたかったのかもしれない。僕はすごく目立っていたから、彼女以外にも、「近藤は人気者だしすごいんだよ」っていうのを下の学年に伝えてくれたヤツがいっぱいいいたな。

一学年降りると、「ダブ、ダブ」ってバカにされるやつもいたけど、僕にはそれはなかったかな。まあ、少なくとも聞こえてはこなかった。気をつかってくれたんだなあ。みんな近藤さん、近藤さんって慕ってくれていた。バンドの連中だったり、山岳部の後輩だったり、縦の繋がりの中で輪が広がっていった。

今でも山岳部の忘年会にバンドのやつらも来る。運動系とカルチャー系の融合。そんな風に好きなやつと好きなやつを合わせるのが得意だった。

まあ運動系っていっても山岳部はいわゆる体育会系とはちょっと違っていたから。登山は競うスポーツじゃないし、なんとなく自然科学的で哲学的でカルチャー系に近いものがある。人文系とか理科系とかの部分を残した運動系、みたいな感じかな。

よく先輩から言われてたのは、「いいか、登山っていうはな。元は貴族から始まったスポーツなんだからな。イギリスとかヨーロッパでは、貴族が登山とか冒険を始めて、そこからアルピニズムが広まったんだ。胸張っていいんだよ」って。

すっごいかっこいい三年生の先輩だった。もう今はどうしようもなくだるだるになってるんだけど、二級上だからその時はすごく大人に感じたなあ。

先輩とはいえ、他のクラブに比べると深いつきあいをしていた。まあ、三日間ずっと寝泊まり一緒だったりするから、山をやっているとどうしても関係が深くなる。顧問の先生ともそう。

恩師と海外の山で会う喜び

先生たちは、まさか僕が山を仕事にすることになるなんてってびっくりしたと思う。初めてチョモランマに行った時は、「お前、楽しんでこいよ」って餞別を一万円くれたっけ。その先生は足立先生。地学の教諭だったから、山の石とかチベットのアンモナイトの化石とかをおみやげに持って帰ってきた。理科実験室に置いてもらおうと思ってね。

顧問の先生方は理科系の先生が多く、生物の茨城先生もその一人で、高校の最初の二年間はその先生にお世話になった。転勤で別の高校へ行っちゃう時は、女子なんかはみんな涙涙。

「先生、行っちゃうの～」って、青春ドラマみたいだった。

そんなだったから次の先生をちょっと斜めに見ちゃってて。「なんだよなんだよ、このちんちくりん。ハゲだしさあ」って。

それが森口先生。同じく生物だったかな。すごく威張った先生だった。でもその先生がユングフラウに登ったことあるって聞いてすごいなあーって思った。ユングフラウっていうのはケーキの名前みたいなんだけど、スイスにある四〇〇〇m峰の名前。「先生一番高い山ってどこ登ってんの？」って気軽に聞いたらそういうから、びっくりして。

「海外かあ～」って。

その頃植村直己さんとか加藤保男さんとか海外の山に登るヒーローが出始めた頃だったけど、先生はそれよりかなり早い時期から海外に行っていたわけで、身近にいるそんな存在に刺激を受けた。「海外ってすげーんだ」って思って、急に練習頑張り始めたのを今でもよく覚えている。

実は僕が大学生の時に、ＯＢで参加した山行中に、森口先生に突然「お前さ、山で食っていく気、あんのか？」っ言われたことがある。先生は海外のガイドを含めガイドというものをよく知っていたし、当時は加藤さんみたいなプロのガイドや、植村さんみたいなプロの登山家が出てきていた時期だったから、そのことを言っていたみたいなんだけど、僕にはピンとこなかった。

でも今考えると、森口先生は僕がこうなることを、こういうことに向いていることを予感していたのかもしれない。

前の職場であるアトラストレックという旅行会社にいた時、僕がツアーリーダーのニュージーランドのルートバーントラックのツアーに森口先生がご夫妻で参加して下さった。

奥様も学校の先生で英語の専門。僕は英語塾や英会話学校に行ったことがなく、学校の授業でしか英語を習ったことなかったわけだけど、その僕がニュージーランド人と英語で会話をしている。その光景を見てご夫妻がいたく感動して下さった。その頃は「海外で通用する生きた英語を身につけるには、学校の授業だけじゃだめ」って言われていた時代だったから。

森口先生は、それから一八年か一九年たった後、僕が二〇〇四年のエベレストに行っている間にメッセージを残して亡くなってしまった。

別の顧問の先生とも思い出がある。

僕が高校を卒業してOBになってから顧問になられた成田先生という女性の先生も「近藤、近藤」って可愛がってくれていた。ある時スイスのグリンデルヴァルトから登山列車に乗って、ユングフラウまで行く途中の乗り換え駅クライネシャイデックで、「おい、近藤」って声かけられた。「俺のこと呼び捨てにするのって誰だ?」って振り向いたら新婚旅行でスイスを旅行中だった成田先生。「何してるのよっ」って言われて「いやいや、俺山岳ガイドですよ」って。その先生も数年後に病気で亡くなってしまったなあ。

そうそう、茨城先生とも数年前にばったり。僕がツェルマットを歩いてたら先生がいて、「わ、先生何やってんですか」「え、お前こそ何やってんだよ?」「いや、俺ガイドやってるって、こっちにいるって言ったじゃないですか」「ほんとにいるんだな、お前」って。

そんな調子だったけど、すごく喜んでくれているのがわかった。自分の山の教え子が山で食べているんだから。そんな先生の様子を見て、僕もすごく嬉しかった。

森口先生とももっと会話したかったなあ。エベレストに行った報告もしたかったたし。帰ってきて嫁から「無事に帰ってきたんだから、森口先生んとこ行ってお線香あげておいでよ」ってさんざん言われたんだけど、それでも全然行けなくて。だからいつもユングフラウに行く度に思い出してる。それで、いいのかな、とも思う。

森口先生は、海外の山を身近に感じさせてくれる存在だった。「え? こんなちんちくりんでも登れるの? じゃあ、俺も登れるかも」って思えた。根岸さんもそうだけど、小さくて登ってる人、けっこういるなあ。

ガタイが大きい方が重い荷物を担ぎやすいけれど、槙有恒さんもすごく小柄だし、植村さんも決して大きい人ではなかった。

バスケットとか相撲とかアメフトとか、もともと持って生まれたガタイが関係するスポーツもあるけど、それで左右されないスポーツの中の一つだよね、山は。

みんなで協力して一つのことをするワクワク感

みんなで協力しあったりすることに、ぞくぞくっていう感覚を覚えたのもその頃。「この感じってすごくない？　山岳部っていいよね」って思えた時期だった。誰に言われることもなく、みんなでお揃いのカッターシャツ作ったり、Tシャツ作ったりしてね。

誰か仲間をイジッたり、ダマしたり、悪ふざけする時なんかの結束力とか行動力は、マジでプロだったねえ。泥だらけで血流しながらもギャグ作りしてたな。山以外でもみんなで富浦の海に行ったりして青春してた。思い出はぎっしり。

かたやバンド活動では、学園生活を引きずってはやっていけない。完全に大人の世界。競争競争の世界。そうしないと上にあがっていけない。今みたいにスカウトがひっぱり上げてくれるなんてことはなかったから。

高校のクラブの合宿は、他の運動部は揃って新潟の六日町あたりに行くんだけど、山岳部は夏休みに自由に場所を選んで行っていいことになっていた。今まではせいぜい三日間ぐらいの近郊の山での合宿だったらしいけど、三年生の小野先輩のおかげでいきなり北アルプス、いきなり四泊五日の後立山連峰に行けることになった。

「三年の小野は、今まで南やったし八ヶ岳もやったし、じゃあ卒業前に北アルプスで！」っていう流れ。一年生の僕らがそれにうまくあたった。

白馬から唐松岳を越えて五竜岳までの四泊五日の縦走。それはもう、楽しかった。登山って面白くて、ベースにある個人の実力がいくら違ったとしても、ひとたび山に行けば、みんなおんなじことをする。とにかく同じ距離を歩く、同じ重さを担ぐ、同じ所を登る。

山岳ガイドやっていて思うこと。仮に僕がガイドではなく監督であってもコーチであっても、登山をやっている以上はおんなじ場所に自分の足で同行しなくてはならない。これが野球だったりマラソンだったりすると、「お前、行け～」とか声をかけたりするだけだったり、自転車や自動車で伴走したり先に回り込んだりもできるけど、登山はそういうわけにはいかない。野球やサッカーはコートやグランドの外から声をかければ、それが指導になる。登山は同時に自分も行動しないと指導にならない。代わりに登ってあげるわけにもいかない。

だから登山のコーチや指導者は、生涯現役じゃないと務まらない。

山や自然は、素人だろうがプロだろうが、おんなじ環境を全員に平等に与える。自然は「お前は初めてだからちょっと気候おだやかにしといてやる」なんてことはなくて、みんなにおんなじ条件を与えるでしょ。

ある意味フェア。そこが自然の魅力なんだろうね。

二年になった時、新人のために合宿前強化登山をしようと先生にだまって行った山行で一年生の女の子が怪我をしてしまったことがあった。今回は先生が引率できないから登山中止ってなってたんだけど、「俺たちだけで行こうぜ」って言って、奥多摩の三頭山に登ってしまった。コースの最後の最後に、もうバス停に降りるっていうところで、一級下の女の子がちょっとした段差でこけて手をついて、ぱくっと手を切ってしまって。結構深く切れて、血が出て肉が見えちゃったんだよね。里に下りて民家で電話借りて一一九番。奥多摩の病院に救急車で運ばれたことで親の知るところとなり、その娘のお父さんが学校に連絡したから先生の知るところとなり、もちろん職員室に呼び出された。

事件が発覚した次の日に僕が無断欠席。四時限ぐらいでやっと現れたと思ったら坊主にしていてみんな大笑い。僕はマジ顔。バンドやってたからそれまでは長髪だったんだけど、反省の意味を込めて近所の床屋に行って誰に言われることなく坊主にしてきた。そうしたら、その姿を見たミエハル君が昼休み中に学校抜け出して坊主にしてきた。それから一緒に行ったやつみんなも、「俺も」「俺も」って言って放課後に揃って坊主になって帰ってきた。部長とミエハルと僕の三人で。お父さんにも謝りに行ってね。この三人、くろだ、かみいし、こんどう、頭文字が全員Kだから三Kなんて呼ばれていた。その三Kは、後に揃いも揃って留年への道を辿るわけだが……。

さてその一件で、クラブ活動は半年間停止の処分になった。奉仕活動をやると期間が短かくなるので、ドブさらいをしたり、桜の木についている毛虫をとったり、校庭の草むしりをしたり、みんなで一生懸命頑張った。もちろん遊びながら。

ある日の校庭の草むしりの時、部長の黒田が校庭に乗り入れ禁止の自転車を持ち込んで二人乗りをしてふざけていた。なんとなく先に遊ばれたのが気に入らず、自転車の放物線の先に手に持っていたカマを投げた。黒田の自転車は曲線を描き、どんどんカマが投げられた方向に向かっていく。「ありゃ」。見事に黒田の頭に当たって、自転車は大転倒して砂ぼこりが上がった。まさか当たると思ってはなかったので、動かなくなった黒田にかけ寄った。「ホッ。」無事だった。頭もキレてない。いやキレてる。キレてる目をしてる……その後どうなったかは、よく覚えていない。覚えていない事はたくさんある。

そういう時代のことを岡野っていうヤツはほんとうによく覚えいる。僕が忘れているようなエピソードまで全部。「謙司はどこどこへ登ってあれやってこれやって」って。

岡野の証言によると、僕は学校の校舎にすぐ登っちゃうヤツだったそうだ。屋上からロープ垂らして降りちゃうなんてざらだったようで、そういうの聞いていると、「子どもの頃からそういえばそうだったなあ」って思い出す。

屋根に登る時ははしごをかけて登るんじゃなく、塀に登り、物置の屋根に飛び移り、そこから家の屋根へつたって登るとかそんな感じ。登ることがその頃から本当に好きだったんだろうね。

実は高所自体はそんなに得意じゃなくて、東京タワーに登ると怖くなっちゃって、下を見下ろすとぞっとする。

よく山で「下見るな！」って声がかかることがあると思うけど、確かに見ると足がすくんで進めなくなる。アイガーなんかは特に怖いから、山頂付近にガスがかかっていると、ちょっとホッとしたりして。でも急にガスが晴れたりすると「さあ、みなさんガスが晴れますよお」とか明るくふるまいながらも内心「こわっ」って思ってる。絶叫マシンも怖い方なのに、なぜか高いところには登りたがるし、高いところから下りたがる。不思議だ。

「山と渓谷社」から出ている雑誌を見ながら「肩がらみ、ふむふむ」とか言いながら、見よう見まねでビルの四階の高さから降りていっちゃうなんてこともやっていたっけ。山岳部ではロープを扱っちゃいけないのに、なぜか部室にロープがあって。

また別の証言によると「ハダカになるとやたらハシャグ」ヤツだったらしい。夏の暑い季節に近所の小学校のプールに夜中忍び込んで、皆で全裸で泳いだ。金網を越えるのに血だらけになっても皆ヘラヘラしていた。そこで繰り広げた一発芸は、とてもここでは書けないから何かの機会で話そうと思う。

みんなの前で何かをやって楽しませたかったし、何かサプライズをされて楽しませてもらいたかったんだと思う。悪ふざけをする連中以外のみんなと一緒に珍行事をやるのも大好きで、「今日の、部活は、鍋です」って企画したり。土曜の部活では、バーナーで鍋やって、他の運動部のヤツとかにも食わせていた。女の子も一緒。女子を女子扱いはしない。厳しくする訳じゃなく一緒に行動するという事。運動部は普通、女子は別メニューだと思うんだけど、山では男も女も関係なく、同じ環境に置かれる。だからなおさら男子が強くなり、女子をフォローしたりするようになる。

練習メニューの時だって、僕が行く時は楽しくやる。空気椅子をやる時も、「じゃあ、山の名前一〇個言いながら」なんて感じで、練習にもちょっとエンターテイメント性を持たせる。「一〇個言えるまでやめちゃだめ〜」とか勝手にルール決めてね。遊びをたくさん取り入れて、独自の方法で練習を進めていた。

そしてそれらすべてが、今の仕事に繋がっている気がしている。

自分を一回り大きくさせるため、どうしてもしたかったこと

二回目の二年生の時、二年生を二回やることになったことに何か意味を持たせないといけないんじゃないかという気持ちや、自分を人間的に一回り大きくするためにも何かがしたいという気持ちが働いて、夏のある日、思い立ってヒッチハイクに出たことがある。もちろん生まれて初めての試みだった。

母に「俺ちょっとヒッチハイクで北海道に行ってくるから」って言って、ザック一個だけ持って。

真っ昼間に外に出たのはいいけれど、あまりにも車が多くて、仮に停まってくれる車があったとしても「電車あるんだから電車で行け」って言われそうだと判断した僕は、きびすを返して一旦家に戻った。

夜改めて出直すも、家の近くで停まってくれるのはタクシーばかり。思い直して日光街道のあたりまで歩き、仕切り直し。

で、信号待ちをしている間に、停車しているトラックに次から次へとアタックをした。「すいませーん！　すいませーん！」と叫んで窓が開いたら次のステージに進める。

最終目的地は北海道だったけど、それを言うと「そんな遠いところ行かねえよ」って言われるから、かなり手前の仙台で交渉。それでもそんなところに行く車なんてないから、最終的には目的地を「北」に変更。やっと宇都宮まで行く車が見つかった。

交渉する中で学んだこと。まず大手の運送会社はだめ。長距離トラックだと二人で乗っているケースが多くて僕が入る余地がないし、大手だと「安易にヒッチハイカーなどを乗せないこと」って社則があったりするらしいから。一番の狙い目は、中小の運送会社で自分で二、三トンの小型トラックを持って下請けをやっているようなドライバーさん。

思い出深いのは、郡山まで行った時のドライバーさん。日本語を話しているはずなんだけど、何言ってるかまったく分からない。でも、乗せてもらったからには何かお話ししきゃという思いで、とにかく必死でしゃべりまくった。

郡山で力尽き、ステーションビバーグで朝を待ち、電車にちょっと乗ってしまった。

その後また再開。短距離をこまめにかせいでは、「いやあ、僕こんなことやってきて、学校ではこんなことやってて、最終目的地はここで」ってドライバーさんが飽きないようにまたしゃべくり倒し、最後は結局力尽きて寝るというパターン。

ドライバーさんたちはみんな優しくて、僕が寝てしまったとしても必ずサービスエリアで起こし「おい、着いたぞ。なんか食うか?」ってきいてくれる。

そこでの僕の常套句は、「いやあ、朝からなんも食べてないんですよねえ」。さっきお昼食べたばかりだとしても、「何も食べてないんですよねえ」作戦。

そうすると「おお、そうか、食え食え」って一〇〇%奢ってくれる。本当にたくさんの人にお世話になった。

青森からは青函連絡船。函館では、網走行きの電車まで少し時間があったから、猛ダッシュで箱館山にかけ上がり、一〇〇万ドルの夜景を見た。

山から車道を歩いて下りていると、タクシーが止まって中から声がかかる。「よかったら一緒に駅まで乗っていきませんか?」グループで旅をしている女子大生だった。今ならフェイスブックなんかで簡単に繋がれるけど、その頃は簡単に連絡をとる手段がなかった。しっかりお礼ができなかったことが悔やまれる。写真も撮らなかったし、名前も住所も聞かなかった。

函館から夜行列車で網走まで行き、網走刑務所で「網走番外地はここかあ」なんて感慨にふけった。サロマ湖を見て、知床ウトロのユースホステルで仲良くなった大学生と一緒に海を見に行った。

知床からは根室にバスで出て、根室駅で道内初のターゲット車を待っていたら、大きな黒いクラウンが現れた。めちゃ笑顔で立っている僕に、苦笑いしながらつい止まってしまったみたいだった。「乗せて下さい」というと運転席にいた女性が「いや。私実は免許取り立てで、今日は父の車を借りて、ここで練習してただけなんです」と言う。それでも引き下がらずに「そうですか。でも、せっかくだから練習がてら納沙布まで行きませんか？」なんてほんと強引。

でも、行ってくれたんだなあ、そのお姉さん。

トドワラとか海に沿った道を延々と辿って走ってくれた。ほとんどノンストップで。納沙布の町に着いたのは、夕方近かったから、その後家に戻った彼女、相当親に怒られたんじゃないかなあ。根室から納沙布は、とにかく遠かった。彼女とも、名前も電話番号も聞かずに別れてしまった。

彼女と別れた僕は、カニを売っている店の前で寝袋に入り、朝まで寝た。わざわざ強引にお願いして納沙布岬まで来たのにはワケがある。日の出が見たかったのだ。そして北方領土を。

夜景や日の出、美しいものを見たり、いろんな人と触れ合ったり。そういうことをするのには、「一回り大きくなりたい」ということ以外にも理由があった。

当時僕は作詞や作曲をしていたんだけど、なかなかいいのが書けなくて悩んでいた。そんな時母親が何気なく僕に言った一言がものすごく効いた。

「あなたはねえ。苦労してないからよ。だからいい曲が書けないのよ」

なるほど、そうか。その言葉は僕の背中を相当力強く押した。

おふくろは、お嬢様育ちでほんわりしたタイプ。何言われても「あらやだー」ってのんびり構えている。

修学旅行でタバコが見つかった時も、駅まで迎えに来たおふくろは先生に向かって「あら、どうも～」って。萎縮するでもなく、「ほんとにこの子はもう、謝んなさい！」なんて声を荒げるでもなく、「この度はご迷惑をおかけしました」って厳粛な感じで詫びるでもなく。どこか飄々としている。そんな人。そんな人から出た言葉だけど、響いたわけだ。

次に目指したのは白老。納沙布の駅から白老にあるポロトコタンというアイヌの村は、電車とバスを乗り継いでいった。アイヌの人にも会わなくちゃと思っていた。

アイヌの暮らしを再現したようなその集落は、郷土資料館みたいで、昼間は観光ツアー客でいっぱいだったので、その集団にまじりガイドの説明に聞き耳をたてる。

陽が傾きかけてツアー客がいなくなっても僕だけはなんとなく残り、なんとかコミュニケーションがとりたくて、話が聞きたくてアイヌの人に近づいていくと、「あんたに教えようか。私たちはね、本当は好きでこんなことやってるんじゃないんだよ」って話しかけてきた。更に「ちょっとおいで」と控室みたいなところに連れていかれて、お茶やおせんべいでもてなしてくれながら、アイヌの人たちがどんなに生活しづらかったかを教えてくれた。「世の中いろいろ大変なんだ、民族って色々あるんだよ」その時の僕にはそれが心に響いて、なんとなく大人になった気分で村を後にした。東京にいるだけじゃ分からなかった事だ。

なんとなく心が重くなってボーッとしながらもヒッチハイクを再開すると、ある交差点で、なんと車が三台同時に停まってくれた。一台はカローラ、もう一台はクラウン。瞬時に、「やっぱクラウンかな〜」なんてなびこうとしたら、反対車線で停まったトラックの運ちゃんが「あのさ〜！　俺、あっちへ行きかけたんだけど、今引き返してきたんだよ！」って叫んでる。それを聞いた僕は「せっかく戻ってきてくれたんだ

白老ポロトコタンにて。
ありがたい“お説教”をいただいた女性と。

から、それならこっちかな。そういえばこんな格好した俺がクラウンもねえよなあ」って思い直し、カローラとクラウンの運転手には丁重にお断りをして、トラックに乗りこんだ。

その人とはかろうじて写真を撮った。名前も住所も知らないけれど、すごく感じがよくてかっこいいお兄さんだった。「お前どこ行くんだ?」「うーん。僕、熊牧場に行ってみたいです」「よし、連れてってやる」「え、お仕事大丈夫なんですか?」「大丈夫だ!」って、なぜかお兄さんまで一緒に熊牧場に入ってくれた。

熊牧場にいた外国人が「あなた、色黒いわねえ。どうしたの?」って英語で聞いてくる。するとお兄さんが「うん、サンバーン(日焼け)だ。長い間旅をしているから」って英語で説明してくれて、「わ〜。英語しゃべれるんだあ。かっこいいなあ」って。

熊牧場を出ると、お兄さんには支笏湖まで行くバス停で降ろしてもらった。そこのユースホステルで、知床であった大学生のお兄さんたちと落ち合う予定だった。

大学生のお兄さんは、僕よりはお金があるから電車を使って旅をしてた。その当時、キ

登別地獄谷。
観光も案内してくれたトラックドライバーのお兄さん。

スリングのリュックを背負って電車で旅する人たちは「カニ族」と呼ばれていた。電車の中で人に迷惑かけないように、横歩きしている姿がカニに似ているからだそうで、そのお兄さんたちもまさに「カニ族」だった。みんなで昭和新山に行って、ジンギスカンを食べる。割り勘だったから「絶対負けねえ」って必死で羊の肉を食ったのを覚えている。札幌には一瞬行ったか行かないか。都会に寄るのはあえて避けたかった。

その後はまた船に乗って青森に戻ったんだけど、どうも車が来ない。そこは国道四号線だったから、ひたすら歩いていけば東京へ着くんだけど、とりあえず八戸を目指して歩いた。八戸はホタテで有名な町だったから、「そこに行けば、ホタテ屋さんでホタテを食べさせてくれるかも」という安易なことを考えていた。

八戸に到着して、ホタテ漁師の大きな家を訪ねて、「たのもう！　ホタテ食いに来ました！」って。今考えるとホント、厚かましい話。でもまったく知らないお宅なのに、「まあ、あがんなさい」って迎え入れ、コタツに入れさせてくれた。

お茶やおせんべいまで出してくれて、すんごい美しい娘さんを紹介してくれた。その娘さんと色々話しをして、でもどうやらホタテはもらえそうにないから、「じゃあ私はそろそろ東京へ戻ります」と言っておいとましました。今思えばその時期はホタテのシーズンではなかったのだ。

国道に出ても相変わらず車が停まらない。相当歩いて夜中になってやっとのことで停まってくれた運ちゃんが、「仙台までならよければ」って言ってくれた時は思わずガッツポーズ。その運ちゃんもほんとにいい人で、「お前な、仙台についたらちょっと手伝え」って気さくに話しかけてくれた。いわゆるトラック野郎のトラックで、電飾ぎっしり。荷台には大きな絵が描かれていた。窓ガラスの所にエロ本のキリヌキがびっしり貼ってあり目のやり場に困った。例によってご飯をごちそうしてもらい、港で荷下ろしを手伝って別れた。達成感があった。

行きは電車に乗ったこともあったけど、帰りはフルで車に乗ることができた。最後は埼玉の吉川というところで降ろしてもらって、公衆電話から姉ちゃんに電話。「ごめん、迎えに来て」ってお願いして家にたどり着いた。

全部で一一日間。合計二八台の車に乗った。

終わった後、一人感慨にふけった。大人になったなあと感じた。

そんなことやってるやつ、周りに一人もいなかったから。それにこればっかりは、体力と技術があればできる旅じゃない。時間があればできる旅じゃない。

相手から好かれるか。相手と楽しく過ごせるか。奢ってもいいと思ってもらえるか。信頼してもらえるか。「こいつは、問題起こすヤツじゃないな」って瞬時に感じ取ってもらわないといけない。年の離れたおじさんたちともうまくやらなければいけない。

おじさんは、乗ってる僕を相手にはしてくれるだろうけど、最終的に「こいつ乗っけてよかったな」って思ってもらえるまでにしたい。そんな演出を無意識のうちに考えていたと思う。

そんなわけで、留年した年の夏休み、僕はかなり意識的に苦労を重ねるために旅をして、色々な人のぬくもりを感じ、心躍る体験をし、生きるヒントとなるような大きな収穫を得た。二学期になった頃までには、後輩たちに一目置かれる人物になっていたい。ひと皮むける何かをしないといけない。

それは、喧嘩が強い、音楽ができる、スキーがうまいということとは違う何か。その夏は、三年生になったかつての級友たちに海にも誘われていた。「新島とかいいよ。かわいい女の子いっぱい来てるしさあ」って。でもそれは違うと思った。断った友達に「え、じゃあこの夏、どこ行くの?」って聞かれたら「ん?旅。北へ」って。南の海辺のリゾートにはまったく興味がなかった。いい旅をしたと今でも思っている。あの年齢でなければできなかった旅だったし、受ける感情もあの時だからこその新鮮さがあった。

その時の最大の失敗は、乗せてくれた人たちの名前や住所を聞かなかったことだ。今の僕なら迷わずこうする。会った人と必ず写真を撮る。必ず名前を聞く。その当時はそんな機転はきかなかった。

その点山の人たちはみんな出所がわかっている。その時確認しなくても、だいたいどこかに所属していて、誰か知っている人がいるから、それをつたっていけば、いつでもお礼することができる。でも、旅で出会った人は一期一会。素性が分らない。

みなさんにお礼が言えないのが残念でならない。昔、「プロポーズ大作戦」っていう番組でお世話になった人を探してくれるコーナーがあったんだけど、今そんな番組があれば探したいぐらい。

実をいうと、その番組では、探し当てられる側にまわるのが僕の夢ではあったんだけど。

この本を読んでピンと来た人がいたら、僕に連絡くれたりしないかなあ。

6 海外の山との出会い

大学生で初めて海外の山へ

文科系の部活から体育会系の部活に移行した高校生活を経た僕は、なんと大学受験では、体育科を受けようかという気になっていた。そこで先生にも相談し、国士舘大学を受けるべく、陸上部の友人に指導を受けながら準備を進めていたのだが、結局は受験当日大熱を出して二次試験会場へ行けず。その他の大学も全滅。どうしたものかと思ったが、浪人する気にはなれなかったので、まだ間に合う大学を探していたところに駒沢大学の試験にたどり着いた。

駒沢大学の二部は受験時期が三月と遅め。しかも二部の学部は経済学部が多い中、駒沢だけは法学部があったので、そこを受けることにした。法学部は卒論がないということを知っていたからね。四年生で苦労するのは嫌だと思っていた。

やっとの思いで入った大学。途中から一部への編入試験を受けようとも思っていたが、そこでもまた新しい出会いがあった。今井通子さんだ。

大学に入学すると、根岸さんから「僕は来冬にエベレストに行くんだけど、自主トレーニングに六〇〇〇mぐらいの未踏峰に、この夏登るつもりなんだ。一緒に行かないか？」

と言われた。

根岸さんは僕をペンタンカルポっていう山にお客さんとして連れて行きたかったみたいで、それはとても魅力的に感じた。「海外旅行はしたことがないけど、根岸さんと一緒だったら」という気持ちも大きかった。しかも未踏峰。

父にそれを話すと非常に感触がよかった。父は、僕が根岸さんと知り合ったことをとても快く思っていた。打ち込むものが音楽以外に見つかったということを喜ばしく思っていたのだろう。旅の費用は出世払いということになった（実は未だに返していないけど）。

そんなわけで、大学生の僕のネパール行きは実現。パスポートを取り、意気揚々とでかけて行った。

ところが目的の山はとんでもなく難しい山。スキーができると聞いていたので板も持参したのだが、スキーで滑り降りるどころか登ることもできず、僕たちはあきらめて違う山に登ることにした。

それでも六〇〇〇m近くある山だったので、それなりに冒険登山ができた。ヒルやモンスーンの雨にやられたけど、美しい高山植物と地元民族と、大きな山と白い氷河との出会いに感動したり、ロキシーという地酒を飲んで気を失ったりした。

そうして無事事前準備を終えた根岸さんは、その年の冬にいよいよチョモランマに行くことになった。

それが僕の海外旅行初体験。だからそれはそれですっごい感動したんだけど、その前に、チョモランマの話が来た時は言葉もなかった。

チョモランマ行きについて調べを進めていた根岸さんから一報が入ったのは、このネパール登山の出発直前のこと。

中国側のエベレスト、チョモランマはチベット側から入ることになるのだが、いろいろ調べたところ、中国人には山に慣れた人がいないことがわかったらしい。ビザの関係で、ネパールからシェルパを中国側によぶ事もできない時代だった。

「近藤君、協力隊員として一緒に行かない？」

もう鳥肌もの。「わ〜」って興奮した。

だって、エベレストじゃない。チョモランマだよ。中国側からだよ。

計画書にしてもすごかった。スポンサーが一〇〇社ぐらいついていて、後援は朝日新聞と文部省。「チョースゲー」って思った。協賛だってパナソニックとか日通とかコカ・コーラとか。もうなんていうか、日本の経済力が全部詰まった感じ。二つ返事で「いやあ、もう絶対行きます」って言った。「あの中国に行ける。行けるんだー」って興奮した。

高校生の最後に、その頃日テレでやってた加藤保男さんのエベレスト登山の番組に感動し、後輩を連れて三越に「チョモランマ展」を見に行った直後。加藤さんといえば、世界で初めて中国側からチョモランマに登頂したヒーローだったから。チベット旅行が自由化されたのが一九八〇年。加藤さんがチョモランマに行ったのが八一年。二年おいて八三年にカモシカ同人が行った。加藤さんも今井先生も同じ山岳会の出身で、根岸さんも懇意にしていたから、僕にとってもなんだかすごく身近に感じられた。

加藤さんっていう人はもうスーパーかっこいい人。身長一八〇cm以上あって、イケメンで、オリンパスのカメラの広告なんかに出ていた。そのオリンパスの広告記事に一緒に出ることができた時は本当に光栄だった。加藤さんは冬のエベレストの遭難でもう亡くなってしまってたけど、当時加藤さんが使っていたカメラのリバイバルが出るということで僕を起用してくれた。加藤さんは日体大を出ていて、何をやってもうまい。スキーもむちゃくちゃうまかった。

同じく有名人だった今井通子さんにその頃紹介されて、今井先生の事務所に連れていかれたのが八三年。その頃突然根岸さんからそんなことを言われた。

根岸さんに誘われて行ったのが、高橋（今井）と書かれた表札の家。そこの一階のリビングには、いわゆる登山会の重鎮と言われる人たちがぐるっと車座で座っていた。

そこでいきなり自己紹介をさせられた。「よろしくお願いします」と僕と僕より一つ上の早稲田の学生と一緒に挨拶をした。その時の僕は誰からも気にされていないから、興味も持たれず「お前、どんな山登ってきた？」なんていう質問すらない状態。それはそれで僕としてはホッとしたんだけど、その時に今井先生が、挨拶する僕を見ながらウン、ウン、ウン、ってうなずきながら、まるで先生が将来有望な子どもを見いだした時の目をしながら、見守ってくれていたのが印象的だった。めったに相手の目を見ない今井先生の目ヂカラを感じた。

今井先生は、世田谷区の経堂に事務所を借りていたんだけど、それがご縁で事務所にアルバイトに行くことになった。その頃やってたバイトはせいぜい日雇いの土方ぐらい。あとは、なんとなく体を使うバイトがしたくて、水泳不得意だったんだけど、子ども向けのスイミングスクールのインストラクターをやってたぐらいだったから、なんとなく今井家にのめり込んでいった時期だった。

今井家には美香という小学低学年の女の子がいたんだけど、でも、お父さんもお母さんもとても忙しいから、お手伝いさんが面倒を見ていた。

僕の先輩の奥さんなんだけど、仕事しつつも今井家にお手伝いさんとしていて、夜には帰る。その人が都合がつかない時に、「ちょっといてくれないかな、家に。美香が帰ってくるから」って頼まれる。

初めて美香とあった日のことは今も覚えている。僕みたいに頼まれているお兄さんは今までたくさんいて、僕は歴代お兄さんのうちの三人目ぐらい。「こんにちは」って言うと、なんか含みのある顔で見てくる。まるでアメリカ映画の『ホームアローン』みたいに、ママたちが留守の間になんかしかけてやるっていうような顔だった。

それが甘えたいのか、いじめたいのか、怖いのかっていうのが分らなくって。僕は近所の子どもたちとよーく遊んでて、僕が大学生になってからも家に遊びに来た小学生くらいの子どもたちとも、「おお。遊ぼう遊ぼう」ってボール遊びしてたんだけど、美香みたいな年頃の子と部屋に二人っきりになることとなんてないから、困っちゃって。でも少しずつ心の距離を縮めてきて、一通りの質問のやりとりの後、とうとう口を開いてこう言った。

「今日は、おにいさんを、困らせてやる！」

ひえ〜って思った。最初はそんな感じだったんだけど、そのうち慣れてきて、美香が妹みたいに感じられるようになった。台所で皿洗いしてる僕の足にまとわりついてくる美香を足を上下に動かしてポンピングしながら遊ばせてたりしたこと、彼女はいまだに覚えているみたいだ。美香はピアノを習ってて、僕も習ってたから、「じゃあ、僕が聴いてるから弾いてみて」って。

ピアノの発表会が近づいてきたある日、「今日はお母さんの前で弾いてみてびっくりさせてやろうよ」って言ってお母さん呼んできて、聴いてもらった。ものすごくうまく弾けたんだけど、演奏し終わった後の今井先生の一言がすごかった。「全然感情がこもってないじゃない」って。うわー。小学生に感情を求めるかー。厳しい！　彼女は、お父さんからもお母さんからも抱っこされたことがなかったから、僕たちに本当にべたべただった。

その頃、今井先生はもう人気絶好調で、全国から講演の話が舞い込んできていたから、今井先生も先輩の大蔵さんなど一緒にやっていた人たちもみずがめ座だったことから、事務所の名前を「ル・ベルソー」って名前に変えていた。

当時、今井先生のツアーのお客様に高山喜美子さんという人がいた。彼女は幼稚園の先生だったんだけど、園長先生の引退とともにその幼稚園がなくなることになり、でもその園の印象が強くて紹介された幼稚園で働く気持ちになれなかったみたいで。それを知った今井先生が「じゃあ、うちに来ない？」って声をかけて、働きに来ることになった。美香のお世話が主な仕事。

喜美子さんのことはそれまでに、今年先生のツアーのイベントみたいなもので見かけたことがあったから、すぐに意気投合した。

喜美子さんの実家は大月にあって、立川にある幼稚園にはそこから通えてたんだけど、さすがに経堂にある事務所に実家から通うのは無理があるだろうということで、今井家に住み込みで働くことになった。昼間はオフィスを手伝い、経理なんかも担当するようになった。八畳のオフィス、六畳の和室がある住宅仕様の事務所だったんだけど、その和室に大蔵さんが家賃払って間借りしてた。

大蔵喜福さんも有名なクライマーで、山と渓谷社などに執筆しているライターでもあった。どこか知的で、やはり小柄な体形の大蔵さんに、とても好印象があった。で、すぐ近くの今井家に住み込みしていた喜美子さんと後日つきあい始めるわけなんだけど、ある日大変なことが起こった。

僕もよくネパール、アフリカ、東南アジアから、いわゆる「お土産」を持って帰ってくることがある。たとえば、ヤクの毛で編んだ絨毯なんかにはたまに虫が湧く。多分日本にいないやつ。ある日、大蔵さんが海外遠征に行っている期間、僕は大学に行くのにも便利だったこともあり、仮住まいみたいに使わせてもらっていた。

いつものように敷きっぱなしの大蔵さんの布団にごろんと横になっていたところ、かさかさかさ、ぱたぱたぱたっていう音が、プラパールというプラスティックの箱の中から聞こえてくる。蓋をとじているのはガムテープじゃなくって、透明なテープ。かさかさいうので、中を覗こうとしたら、中を見ようとしたのに手前のテープにピントが合った。そしたらその透明テープにびっしりと中が見えないぐらいの幼虫がついていたのだ。「ぎゃ〜〜

〜！」。その中に入ってたのはアイベックスかなんかの毛皮。ちゃんとなめしてないから、なんかの卵がついてて、それが孵化しちゃったらしい。そいつらが成虫になって、また卵を産みっていうのを何世代か繰り返してたみたいで、「これどうする？」って喜美子さんと顔を見合わせた。大蔵さんがいると、マンションのゴミ置き場に捨てても「お、これ、俺いるんだよ」って持って帰ってきちゃうから、「いない間に捨てようぜ」って俺たちだけで必死で捨てた。ちょうど分別をしないといけない時期だったんで、見たくないから殺虫剤をシャッて撒いて、見ないようにしながら分別した。

大蔵さんは鹿の足がグリップになっているナイフも自慢げに買って帰ってきてたんだけど、「こういうのももしかしたらついてるんじゃないのお？」って恐る恐る確認したら、そこからも出た。

「俺、こんなとこでずっと寝てたんだー」って愕然とした。

大蔵さんといえば虫。大蔵ホラー屋敷というか……。部屋じゅうにタランチュラとかサソリの標本を飾っていて、そのデカさと気持ち悪さに、いつも喜美子さんがキャーキャー言ってた。

大蔵さんのホラー話は他にもある。

八五年にチョモランマに行った時のこと。石が来ると僕ら「らく」っていうんだけど、英語で石って「ロック」だからそれは共通語。ある時大蔵さんと組んで氷の壁を登っていたら、上から「らくっ」って声がして、ものすごいスピードで何かが落ちていく音が聞こえた。「ブーン！」って。で、「あ、石が落ちてきたかな？」って上みたら、大蔵さんおしり出してて。落ちてきたのはなんとうんこ。大蔵さん「我慢できない！」ってなったみたいで、俺が下から登ってるのに上からやっちゃった。落石じゃなくって、落糞。小さな落石ならば僕だって「ヘルメットで受け止めてやるぜ」ってなるんだけど、糞はちょっと受けられない。まあ、マイナス二〇度とかの世界での出来事だから、まあ瞬間でフリーズドライみたいな感じだと思うんだけど。中が柔らかくてまわりがちょっと堅いからトリュフチョコみたいな感じかな。ブーンって時速一〇〇キロぐらいで飛んでる世界最速のうんこ。この前マナスルに行ったら参加隊員の男性に「私、マッキンリーに行った時に大蔵さんにそのお話聞いたんですけど、出した方と受けた方、ご両人からお話聞けるとは思いませんでしたあ」って言われてすごく喜ばれて。これでコンプリートかよって。

　大蔵さん伝説っていうのは色々あって、作ったよ

時速100キロのウンコが落ちてくる
チョモランマ北壁にて。

うな話なんだけどぜんぶほんとの話。

北壁の取り付き、いわゆる第一キャンプっていうところで、目の前に北壁があって周りも地面も氷河になってる。外はつるつるなんだけど、平らだから滑落もしないし大こけもしないんだけど、かけっこなんかはできない。ちゃんとした靴だったらいいんだけど、テントシューズっていう布のダウンブーツみたいなので行動してる時に大蔵さんがテントから出て用を足しに行った。すごい風が吹いてる日だったんだけど、大蔵さん行ったし僕も出ようと外へ行ったら、強くて出られなくて。風の凪が来た時まで待って外に出たら、その瞬間また風がドンッて来て、僕の目の前をおしり出したましゃがんだ大蔵さんが「おっ、おっ」って言って滑りながら通過していった。

いつもはかっこいい人で本人はチャールズブロンソンのつもりなんだけど、時々こういう伝説的なぼけをしてくれて、うちの子どもたちはその雰囲気から「カトちゃん」って呼んでる。

ちょっと話はそれたけど。とにかく事務所に今井先生がいなくなると、ほっとする。いつもは色々仕事をふられるんだけど、いなくなるとそのピリピリ感もなくなり、仕事しなくていいからホッとしてみんなだれる。それで僕がたまたまさぼってギターとか弾き始めると、そんな時に限って今井先生が帰ってきて呆れられたり。

ゴキブリが大量発生してびっくりしたり、色々あったけど、あの時は本当に楽しかった。バブル時代だったから、社員旅行でみんなでハワイへ連れて行ってもらったり。その費用は全部今井先生が出して下さってた。

事務所時代はほんと、楽しかった。学生でこんなにも社会人と交わってたやつってあんまりいないと思う。ツアーに行くと、いろんな職業の人がいるしね。

今井先生のツアーに参加しようという人たちは、ワンランク上のものを求めている人が多かった。ただ、旅行をする、山に登る、スキーを滑るじゃなくって、今井先生といると、ただの娯楽じゃなくて新しい考え方や生き方を発見させられたり何かと勉強になるから、ということで参加する人が多くて、そういう人たちは僕なんかの話も面白く聞いて下さったから。

「あんた、面白いからなんか書きなさいよ。今井さんの『私の北壁』の続編で、『脱・私の北壁』とか『裏・私の北壁』とか」って冗談で言われたけど、もしかしたらこの本、それに近いかなあ……。

その頃だんなさんのダンプさんのお店がとてもうまく行っていて、ヘリテイジっていうメーカーも持っていたから、一千四〇〇万円ぐらいするアウディクワトロっていう高級車に乗っていた。スポーツクーペでターボもついてて、WRCラリーとかにも出場していたスーパーカーなんだけど四輪駆動でかっこよかった。

ある時、パラグライダーで骨を折って入院していたダンプさんから、退院するから迎えに来てくれ」って言われて。「僕、車ありませんよ」って言ったら「いいよ。クアトロで来れば」って。うそー。すごい早起きして指定の時間までだいぶ時間があるのに車に乗りはじめて、思いっきり遠回りしてから行った。

なぜか農大の前をぐるぐる回ったりして女子大生にアピールしたり、自分の行ってる駒大も行ってから、「家から直行しました」ってふりして病院に到着。ぶつけたら大変なことになるって思いながらも、乗りたい気持ちが上回ってた。今はもう時効だから言ってもいいかな。

今井先生とダンプさんはしょっちゅう喧嘩していたなあ。今井先生、いつもくってかかってたから、周りからは「シャモねえ」って言われてた。絶対にロゲンカでは負けない。すごい理論武装。あー言えばこー言い返される。そのマシンガンのような報復が怖いから、言いたくても言い返せない。あー、いくじなし。別に焼いて食われる訳じゃないのに。

千載一遇のチャンス？　日本人シェルパ、誕生

チョモランマに誘われた時は電撃的速攻で意思を固めた。絶対に行きたいと思った。大学二年の時だった。

その時の登山隊は隊長が今井通子。副隊長の根岸さんから「今度登山隊のミーティングがあるから来なさい」と言われ、百戦錬磨の有名な登山家が並ぶ中にチャラいイデタチの僕が入っていった。どこから見ても今時の学生。でも、目の前に並ぶのは、普段だったら口をきくことすらできないようなすごい人たちばっかりだったから、服装こそチャラかったものの、態度はガチガチ。この緊張をどうすればいいのか、と思ったが、根岸さんがうまく「秘蔵っ子」のような扱いで紹介してくれたので、快く、いや仕方なく受け入れてもらえたようだ。こうして日本人シェルパ、近藤謙司の誕生となった。

さて、そのチョモランマ行きでかかった費用はなんと五〇万円。破格の安さだ。当時正規隊員の参加費が一五〇万。これでも安い。たくさんのスポンサーさんのおかげ、今井先生の資本力のおかげだ。

中国が開放されたのが一九八〇年。僕たちが行ったのは一九八三年。飛行機のチケット

はまだ正規料金のものしかなく、いわゆる格安航空券がない時代だったから、北京に渡り、チベットのラサまでの飛行機代だけで往復五〇万円ぐらい。確か当時「エベレスト隊を応援しよう」といった主旨のツアーが一六日間ぐらいで一二〇万円だったから、「四ヵ月一緒に登山活動できて全部込みで五〇万円」は破格中の破格だったに違いない。

僕が今企画しているエベレスト登山は七〇〇万円ぐらいだから、五〇万円なんて現地経費にもなっていないかもしれない。

当時、今井先生の隊は総予算が二億近かった。スポンサー各社からの後援金だけで一億円を超えていたし、九トンもの物資を運ぶのも、日通が全部協賛してくれていた。

僕はただただもう行けるだけで嬉しかったから、キッチンボーイでもなんでもやりますって言って有頂天になっていたが、一方で大学との調整は厳しいものがあった。

大学に入ると、何を思ったか教員免許をとりたいと思うようになった。その理由は「先生になったら夏休みも冬休みもとれるしな、ゆるいな〜」なんていう単純なものだったが、大学自体が楽しくもあったので、そんな気持ちになっていた。

ただ、チョモランマに長期間行くとなると出席率の問題が出てくる。僕は高校で一度留年してるから、ここは是が非でも繋がっておかないとまずいと思った。高校は公立だからいいけど、大学は私立だから授業料がかなりかかる。なんとかしたい一心で、すぐに先生方の所へ飛んで行って計画書を見せながら話をした。「すみません。今年の一〇月一日から一月三一日までいなくなるんですけど、なんとか成績をつけてもらえませんか？」って。

幸いその遠征の隊長が今井通子。後援が朝日新聞、文部省。協賛企業も一〇〇社をくだらず、資料の片隅に僕の写真もチラっと載っていたものだから、反対する言葉が見つからないのか、ほとんどの先生が「いいよ。じゃあ、レポート提出するだけで単位あげるから」とチョモランマ行きを後押ししてくれた。ただ、その中でどうしても許してくれない先生がいて、呼び出された時先生の口から「実はうちの息子もチョモランマに登ってね」という言葉が出てきた時は耳を疑った。当時チョモランマという言葉はまだ浸透していなくて、「世界一高い山はエベレスト。で、チョモランマも世界一。え？　二つもあんの？」って感じだったのに、その先生「ああ、チョモランマね」って。「チョモランマ。私の息子も登ったよ。二年前に」と聞いた時にはもう本当に驚いた。先生の名前は磯野。僕の頭の中の検索機能が働いて「ん？　ちょっと待てよ。磯野？　チョモランマ隊に言った磯野。やべえ、磯野剛太のお父さん？」って。

磯野って名前でチョモランマに登ったのは一人しかいなかったので、その人のことはすぐにわかった。中国との国交が開放される時に日本山岳会の隊に入って登った人だ。その父親である先生から「うちの息子は大学を休学して行ったんだ。君は山も大学もうまく両立してやろうって言うのか？　虫がいいね」と。まあ、ごもっともな話だったが、とにかくその後の風当たりが厳しくて厳しくて。結局単位くれなくて、その先生の授業は五年間受け続けることになった。教育原理は三年まるまるとり続け、教育実習もその先生にお世話になり。年間三回休んだ人は絶対に単位くれないって方針の人だったから。

五年？　って思ったでしょ？　そう、最終的に大学は、研究過程も含めて六年行った。だからその後同じ授業を三回受ける形になり、最後の年の授業なんか、先生が生徒たちに質問する場所までわかるの。百人ぐらいで講義受けていたんだけど「あ、はい、それわかります！」って手を挙げて、「お、近藤君」ってさされると「え？　お前名前覚えられてんの？」って。

先生は僕が教師になると思っていただろうけど、後に僕はその先生の息子の会社に入ることになったのだから、先生も心中複雑だっただろう。

最初の一歩、ガイドへの芽生え

そういえば、どうして根岸さんが僕に目をかけてくれていたのか、聞いたことがない。でもまあ、ちょっと面白かったんじゃないかな。僕はそんなに叩き上げ、というワケでもなく、ストイックにクライマーだけをやってたわけじゃなかったから、かえって根岸さんからしたら声がかけやすかったのかもしれない。その頃から僕はガイドになりたいと口に出していたし。

クライマーたちが「スキーなんて」と言っていた時代に、温室ブルジョア育ちの僕はスキーもやっていた。国際山岳ガイドでもある根岸さんは、ヨーロッパのクライマーと同じようにスキーもやっていて、子どものためのスキー教室も手がけていたから、大学入り立てぐらいの時、「近藤君。今度子どもたちのスキー教室やるんだけど、手伝いに来ない？」なんて言われて、根岸さんのアシスタントとして、スキーガイドのアシスタントは少し経験をしていた。

そういえば、スキー教室の手伝いをしたことで、とても嬉しいことがあった。ある時親子で登山教室に参加した人から「近藤さん。僕近藤さんにスキーを教えてもらったことがあるんです。あれ以来、いつか子どもができたらスキーに連れて

スキーは楽しかった。
登山のいちジャンルであると強く認識していた。

いこうと思っていたんですが、やっと思いがかないました」って。

高校生の女の子で、「スキーを昔教わりました」と今井先生の本に出ている僕を見つけて事務所に連絡があり、再会したこともあったな。しばらくその子が今井事務所に遊びに来ていて、よくDM作りなんかを手伝ってくれた。

こんなこともあった。ある日フェイスブックに「昔私が参加したスキー講習に、大学生の近藤さんというお兄さんがいらしたんですけど、その時の近藤さんはご本人ですか？」というメッセージが届いた。今はドイツにいて、子連れで山に登っているって。そんなこと聞くと、「ああ。やっててよかったなあ」って感動する。登山に関しても、根岸先生みたいなことをやりたいと思って、知り合いの子どもたちを連れて唐松岳に連れていったこともあった。それが僕一人での初ガイドだ。唐松へは、友人がバイトしていた喫茶店のオーナーの子ども達二人、おやじとお袋が仲人をやったことのあるご夫妻の子ども一人、合計三人を連れていった。チョモランマを控えてる時だったんだけど、すっごく面白かった。その時に唐松に案内した「くにちゃん」って子が、こないだ文京シビックホールの講座に突然あらわれて、「近藤さん、覚えてますか?」って。その子はその後も山やってて、今は子ども達を連れて山に行ってるって。嬉しかったなあ。登山家ではなくガイドになった原点、ガイドへの意識はその辺の時期に芽生えていたのかもしれない。

チョモランマ冬季北壁登山隊に入隊

た。

　チョモランマは、根岸さんと出会わなかったら決して行くことのなかった山だ。僕のチョモランマ行きの後押しをしてくれたのは今井先生だけれど、根岸さんの存在は大きかった。

　雪山は、なんとなく自分に合っている気がした。競技スポーツに比べ、なんというか、生きる力が試されるというか。

　テント生活を快適にするために色々整えるっていう作業が、かつて子どもの頃感じた、自分の基地を作る時の楽しさに通じるものがあった。

　ハプニング、イレギュラーなことが大好きな子どもだったから、北アルプスに初めて行った時は「すげー。こんなに雪がある」って感動した。山自体のすごさは谷川岳が一番感動したけれど、雪山にはまた別の感慨を覚えた。

　きっとその時期のセレブの大人達の遊びが、登山とか尾瀬へのトレッキングとかスキーだったんだと思う。小学校の時は、スキーをやったことあるのなんて、クラスに一人か二人だった。高校のスキー教室でも、やったことあるのは学年で二、三人ぐらい。その後ブームもあって今でこそスキー人口は増えたけれど、僕が小学生の頃は本当に珍しかった。根岸さんが国語の教科書に出ていたことや、出身が群馬県だというのも親近感に繋がった。僕はよくおやじに連れられて谷川岳に行っていたから。

根岸さんって人は小さい人で、足のサイズが二二センチしかなくて。背が足りなくておまわりさん（山岳警備隊に入りたかった）にはなれなかったんだけど、そんなに小さいのにナナハンの大きなバイク乗っていて、バリバリのスキーヤーであり登山家であり……なんか超かっこよかった。奥さんが日本初の女性指揮者、久山恵子さん。根岸さんより一五歳ぐらい年上で、なんかそれもかっこいい。すっごいロマンティストで繊細で詩人みたいな人だった。背が小さいからかもしれないけれど、根岸さんにできることは、体の大きい僕だったら、なんとか追いつけるかもしれないって思えたのかもしれない。

そんなわけで根岸さんとすごく親しくさせてもらって、根岸さんの肝いりというか推薦でカモシカ同人に入ることになった。

当時はヒマラヤに行くには日本ヒマラヤ協会（ＨＡＪ）、日本山岳協会（日山協）などの推薦がないとネパールへの申請ができなかった時代。どこの馬の骨ともわからない奴が登録に行っても無理だった。日本山岳会やすごく有名な山岳会、例えば山岳同士会だったら申請が取れたけど、例えば個人的に谷川岳で記録持っています、というぐらいの人ではダメ。個人がヒマラヤに行く事は不可能だった。

そして、それでもなんとか登山したいという有志が集まってできたのが同人会。カモシカ同人、イエティ同人というのがあった。

カモシカ同人が歴代ヒマラヤを成功させていて、その立役者が今井先生。そして、そのだんなのダンプさんこと高橋和之さんがそこの代表をガッチリつとめてた。

当時出て行けば誰か死ぬと言われていた時代に、ダンプさんだけは、出て行く時には必ず運が開けていって、誰も死なないし、誰も凍傷にならなかった。だいたい今井先生と結婚できたのが一番の幸運。ダンプさん、ものすごく顔にインパクトがあって、ほんと名前の通りダンプカーみたいな顔してる。見た目はプロレスラーみたいな感じなのに『銀嶺の人』のモデルになった今井先生と結婚したっていうんだから、「あいつは思ったことがなんでもうまく行く」って言われていた。

畳二畳ぐらいの広さしかない登山用のウエアの店、カモシカスポーツを中野で始めて、どんどん大きな会社にして、一時はフェラーリやベンツを乗り回してる、もういわゆる成り上がり。登山版矢沢永吉の世界。

かたや今井先生はというと、世田谷の高級住宅地でまわりはみんな医者という環境で生まれ育って、大学院まで行った人。こんな二人が一緒になったんだからねえ。しかし、二人が浜辺で手を繋いで走っているような写真が特集された雑誌を今井事務所で発見した時には、もうみんなで大笑いしたなあ。

チョモランマ登頂に向けてのプラン作り

八三年の計画としては、だんなのダンプさんの隊と今井先生の隊に分かれるというものだった。今井先生は「私は北壁行くよ」って。つまりチョモランマ側から。そして、だんなと山頂でランデブーするっていうのがクライマックス。ダンプさんは堅実であんまり冒険しない人。今井先生は大冒険する人。全然違う。二人の性格が見事に現れたプランだった。

ダンプさんっていう人は、どこの馬の骨とも分らない隊員は絶対に使わない。つまり僕みたいなのは絶対に隊に入れない。「通子はわっけのわからないガキ、よく連れていくよなあ」っていつも言ってた。もちろんそのうちの一人が僕。

ダンプさんが、まずは秋にローツェっていうエベレストのすぐ隣の山に登って高所順応をした。当時はそこに登った日本人、確か誰もいなかったなあ。それから一回エベレストビューホテルに降りて、リラックスしてから冬にいざエベレストへ、という計画。ローツェの登山隊、エベレストの登山隊、今井通子の登山隊、予算総額は確か二億円。それを一〇〇社ぐらいが物品提供や金額的な提供という形で支える。コカコーラのCMに今井先生が出ていた時代だったから、その出演料も全部つぎ込んで。

外務大臣経由で中国の主席に親書を送って、登山許可取って。中国もどこの国に最初に許可を出すべきなのか、すごく考えていたと思う。もう外交レベルの話。

イギリスなのか、フランスなのか、でも日本が経済的に上がってきていたから、やっぱり日本、ということに落ちついたんだろう。

そんなこんなで僕らは冬のチョモランマ第一登の権利をいただき、北壁へ。

僕は「北壁なんか無理でしょう」って思ったけど、「北壁」っていう本を何冊も書いてきた今井先生だからこだわりがあったんだと思う。途中まで挑戦した人だって一〇人もいない。そこに今は故人となった尾崎隆が初登頂したのが八〇年。加藤さんが初登頂したのとまったく時を同じくして、尾崎さんがもう一人の仲間と北壁から初登頂したというわけ。その二年後だから、もしそこで僕らが登頂に成功していたらば、大事件になってたと思う。世界第二登を二三歳のガキが登ったって？　うん、これはありえない。

冬のエベレストには、その時はまだ登った人がいなかった。第二登は加藤保男さん。でも帰りに死んでしまった。僕らは第三登だった。

ダンプさんは頭がいいから、その時、第一登した尾崎さんを連れて行った。「尾崎が山頂を極める」そのためのシナリオが彼の中では整っていた。

その通りに隊員が動かされる。僕らみたいなわけのわからない若者はダメ。ちゃんとわけのわかる若者が連れていかれる。みんなエベレストに登りたくて来ているんだけど、ダンプさんの頭の中では「こいつはC3までの荷揚げ要員」とか「こいつはこのアイスフォールを突破させるために使う」といった具合に、実はしっかりとプランされている。

とにかく尾崎を疲れさせないのが最優先。しかもローツェに登っていたから、もうばっちり順応が出来ている。だから冬のエベレストだったにも関わらず、誰も凍傷にならない、誰も死なない。完璧なる成功を遂げて帰ってきた。

一方中国側というと、今井先生が人づてに集めてきたわけのわかんないやつばっかりで構成された隊。ヨーロッパで単独で登っていたわけわかんないやつとか、そんなのの寄せ集め。

今思うと、根岸さんの紹介で入れていただけたことは、本当によかった。根岸さんの肝いりと思ってもらえたのか、誰からも馬鹿にされなかったし、いじめられることもなかった。もしも自分で成り上がってきた感じだったとしたら、ちょっといじめられてたかもしれないなあなんて、今にして思う。もしかしたら、年齢的に三、四つ上の先輩たちからは、「俺たちは正当な流れで入ってきたのに、こいつ」って思われていたかもしれないな。先輩たちは、食品会社に企画書を持ち込んでお願いしながら、一年も二年もかけて準備させられてきたのに、僕が直前になって「荷物持ちいないんだけど一緒に行く？」って誘われて入ってきて、いわゆる特別枠みたいな感じだったから。

まあ、もともと今井さん根岸さんの会はいじめる体質じゃなかったというのもある。みんなヨーロッパ体質だったから、縦社会というものが根付いていなかったこともあるし、気に食わないことがあったかもしれないけれど、「まあ、新人類だからな」ってやりすごされていたのかもしれない。「それにしても、お前の目立とう精神はすごいよな」このフレーズはよく耳にした。

実は僕もどちらかというと今井先生たちに考えが近い。先輩後輩意識が全くなかったから、部活でもみんな仲良くて。

シゴキが嫌いな組織の中で縦に並ばない僕みたいな連中が出てきた時代。今井先生たちの会は、昔の古い気質の山岳会ではなく、もともとが異端児っぽい人が集まっていた。ダンプさん側は縦繋がりの人が多かったけど、なんとなく今井先生の方はヨーロッパナイズされた人の集まり。だからあの時あの仲間にスムーズに入れたんだと思う。根岸さんも怒る人じゃなかったな。みんな外国見てきた人だから日本的な縦社会に特にはまらない。海外に行くと先輩も後輩も姓じゃなく名前で呼び合うから。

それに「僕の教え子なんだけどね」って感じで根岸さんが言ってくれたのも大きかった。だから僕みたいな大学生でも受け入れてくれたんだと思う。

「目立とう精神」といえば、こんなことがあった。

みんなに色々なものがスポンサー会社などから支給されたんだけれど、特に自分の身なりにこだわっている人がいないから「これがいい、あれがいい」ってあんまり言わない。僕はかっこつけで何でも形から入る方だったから、みんなが赤いジャケットを頼んでいるのを横目に「僕のだけ、黄色に変えてもらえます？」って言いに行ってて。

みんな赤で統一されている中僕だけ黄色。「なんでお前だけ違うの？」って聞かれると「だって、黒いマジックで書いた時、地が黄色の方が文字が目立つもん」って答えていた。僕だけ、黄色いジャケットの背中に大きく顔のイラスト貼付けて「ＫＥＮＪＩ」って書いて。

「ここまでしたら、遠くから撮影してても俺ってわかるだろう」という魂胆。

もう本当にチャラい奴。当時は不平不満は言うし、泣き言は言うし、甘えるし。ほんと、いわゆる新人類。目立つのが好きでかっこつけるのも好きで。ファッションも、いわゆる

「今どきの若者」のファッションで。よく「ぱっと見サーフィンやってる人にしか見えないよな」って言われてたっけ。

テニスとかサーフィンとかスキーとか「私をスキーに連れてって」に出てくるような、チャラい感じの大学生がうじゃうじゃいて、みんな揃いのスタジャン来て、トレーナー作ってっていう時代に、「でも俺は山に行くよ」っていうのがかっこいいと思ってた。服は渋谷とかで買うんだけど山に行く、っていうのがいいと思ってた。

新人類新人類って言われながらもかわいがってもらっていたんだな、と今考えると思う。先輩達に好かれるのも上手だった。ペコペコして、なんとかかわいがられるようにしてたんだと思う。

「あ、この人縦系だな」と思うと「うぃーっす」みたいな。わざとじゃないけど、自然に人によって合わせちゃうんだよね。

今、クライアントによって対応を変えないといけない仕事をしているわけだから、まあ、合ってるのかな。おやじはちょっと心配してたけど。

おやじにはよくこんなことを言われた。

「お前は山なんかやってなかったじゃないか。あれは山やってたって言わん。そんなやり方のお前が大丈夫なのか。本当につとまるのか」って。

異文化体験

さて、プランづくりも終わり、いよいよチョモランマ行き。

ジャーナリストの藤木高嶺さんと本多勝一さんとが、その頃の海外の冒険ルポのほとんどを手がけていたんだけど、その時は藤木さんと、早稲田の山岳部出身で、その後朝日新聞の運動部の局長になるカメラマンの山田さんが行くことになった。記録映画を作るための映像カメラマンも一緒だった。

二回目は佐久間さんという、普賢岳の爆発で死にそうになったカメラマンさんと週刊朝日の記者の大慶さんが同行した。

衛星電話はさすがになかったけど、伝令がいて、その人が郵便局まで行ってくれた。ネパール側もメールランナーというのがいて、手紙を書くとシェルパがだだだーっと降りていく。本当なら一週間かかるところを三日で走る。まさに飛脚。

郵便局に手紙を届けて、私書箱に来てた手紙を受け取りまた山に届ける。手紙を自分の手紙が自分の家族に届くのは二、三週間後。そして家族からの手紙が届くのに二、三週間。それでも登山期間が長いから、もう嬉しいわけ。いい形での「手紙」っていうのがまだ残ってた時代。中国は車でベースキャンプまで横付けできたから、回転が早かった。

気象ファクシミリっていうのを電波で受け取る機械を借りて来て、ロシアのタシケントから送られてくる電波をベースキャンプで受信。天気図をプリントアウトする道具とか、ソーラーパネルとかをパナソニックがどーんと送ってきたりして。もう最先端技術が結集。企業もそれで技術を試せるから、お互いの利害が一致していた。

出発は一〇月一日だったから、大学の授業がある最中。

北京到着後、三日間ほどは中国登山協会側からのご接待を受ける。いろんな政治的な話が飛び交う中お偉いさんと会食。隊長クラスはスーツ着てドレスアップ。僕は服装こそ自由だったけど、さして興味もない観光地に同行するなど、行動の自由はなかった。万里の長城に行き、北京飯店っていう北京ダックで有名な高級な店で会食。まあるいテーブルの席に座らされる。

僕は末席。話していることもチンプンカンプンだから、出てきた青菜炒めを一気食い。ぺろっと平らげるとまた同じ料理が運ばれてくるのでそれもペロリ。

しかし、しばらくするとどうも様子がおかしいことに気づいた。

今井先生の方には次から次へといろんな料理が運ばれていくんだけど、僕たちの席は食べども食べども青菜炒めばかり。「なんだよ。待遇違うじゃねえかよ～」ってブーブー言ってたんだけど、後で聞いたら実は事情が違ってて。

中国では、出されたものは少し残さないといけないマナーがあるそうで、少し残すと「次が欲しいよ」というサイン。で、全部食べたら「同じものがまた欲しいよ」というサインなんだそうだ。それを知らないもんだから次から次へと同じものばっかり食べるはめになった。かたや今井先生は、おしゃべりしてるからなかなか食は進まない。大人だからそんなに食べない。だから次から次へと別の料理が運ばれてきてたってわけ。

そんなことがあって、次は四川省。ここでも四川省登山協会なるところからのご接待。省の首席が出てきて、辛いのとかスッポン料理とかが振る舞われる。麻婆豆腐の発祥地では、山椒がものすごく効いててひりひりするような麻婆豆腐が出てきて、これが衝撃的。山椒には参った。今は平気だけど学生の時は全然うまいって思わなかったなあ。所変われば……。いきなり、食文化の違いによる洗礼を受けることになった。

でも、北京を離れる時に一つ感動した話があって。実は日本から小さなソーラーを持ってきていたんだけど、それを窓辺に忘れてきちゃった。ウォークマンで音楽を聴いていたからそれがないと不便だなあと思って戻ったら、ちゃんととってくれていた。一緒にいた連絡官の人が「中国では物はなくなりません」って。

その頃は正義があったんだろう。道徳心もあったんだろう。それはちょっと感動した。今じゃどうかな？

音楽は肌身離さずどこででも、という感じだった。八五年の二回目には、ヤマハポータサウンドっていう電子オルガンみたいなのを持って行った。音出ないようにプラグさして、ヘッドフォンして作曲して。

電子ピアノだとドラムとかベースの音源もその中に入ってるから、多重録音して曲作ったりするのが面白い。「あいつまたぴーひゃらぴーひゃらやってるよ」って言われながらも止められない。

四川省で二日、三日滞在した後、やっとチベットの首都、ラサに行く日。
二、三日飛行機が飛ばないとかで空港はパニックになってたんだけど、僕たちは高い金額を払っているから優先的に乗れた。一方中国人は僕らの一〇分の一の金額で乗ってるから、なかなか座席にありつけず、プチ暴動になっていた。
優先的に乗れることになったのはいいけれど、僕たち大荷物持ってるから、乗る前にものすごく厳重にチェックされた。テントなんて見た事がないもんだから「開けろ」っていちいち開けさせられるんだけど、しまうのほんと大変。まあ、そんなに困るんなら手持ちの荷物を減らせって話なんだけど。

日通さんがほとんどは船で運んでくれたんだけど、最後にだめ押しで突っ込む。これは船に間に合わなかった荷物なんだとか。なんとか言って、バッテリーとか電化製品とかは全部手持ち。

ショルダーバックの中身は二〇キロぐらいあるんだけど、それを軽そうに見せかけるで、結局持つところがぶちっと切れる。

自動車用のバッテリーは中に流酸が入ってる。つまり液体が入っている。それを僕は鞄に入れて機内に持ち込む。そんなのは持ち込めちゃって、なんだかゆるいのか厳しいのかよくわかんない。

電化製品は、ベースキャンプで気象ファクシミリとか無線機と合わせて使う。

モトローラという会社がスポンサーで、そこの会社の最先端の無線機を使わせてもらっていたけれど、その充電には発電装置は不可欠だから、ソーラーやガソリンの発電機を持ち込んで発電していた。

ラサは標高が三六〇〇mを超えている。そこに着いただけでクラっとくる。出発前に富士山ぐらいは登ったりしてるわけだけどそれでもみんな息苦しくて大変そう。

僕は夏に六〇〇〇m級に登っていて完璧に順応ができあがってるもんだから、周りの先輩たちがねたむぐらいもうとにかく元気。動きたくて登りたくてうずうずしちゃって。

「あいつハエみたいにうるせえなあ。すぐわけわかんない質問してくるし」

「静かにしてる時は踊ってたり歌ってたり。ウォークマンしてるから音は聴こえないんだけど、歌ってるからうるさいんだよね」って。

一番年下だから猫かぶってたつもりだっただけど、それでも結構我が道いってたかな。

ラサでは、砂漠の上の広くてまっ平なところに飛行機が着陸。砂煙が出てすごかった。国内線の中国人のCAさんが絶対に笑わない。なんで笑わないのか通訳さんに聞いてみたところ、笑うと失礼だと思っているんだそうで。笑っているとなんだか「バカにしてる」と思っちゃうみたい。会ってニコニコしていると「何へらへらしてんの、こいつ」って思うみたいで。まあ、そんな風に説明はされたけど、実は日本人は嫌われていたのかな。

それからこんなこともあった。飛行機の中が異様に暑い。「空調ねえのかよ。おかしいなあ」って思ってたら、CAさんがぼんぼりみたいなのがついている、水墨画が描いてある、いかにも中国っぽいうちわを持ってきた。「へえ。面白いな〜」と思って見ていたら、今度はでっかいやかんを持ってきた。やかんが重いからお姉さん、腕がぷるぷるしちゃって。コップに水を入れる時にこぼしちゃうもんだから、コップを持ってるこっちも「あああ」ってあせって結果足にこぼしたりして。なのにクスリとも笑わない。こちらはびしょびしょなのに謝りもしない。

いろんな衝撃的なことがいっぱいあって、異文化を感じてものすごく面白かった。

チベットで更にカルチャーショック

さて、チベットに着いたら着いたで全然気質が違っていた。着ているものも違うし、当時はまだ信仰心が強かったから宗教色も強かった。チベット仏教の信者さんたちが、ポタラ宮の前にたくさん群がって、五体投地と言われる、体を大地に投げ出すようなお祈りをしている。

倒れて尺取り虫みたいに体を折り曲げお祈りをし、また胸の位置で立ち上がり、この動作を繰り返しながら、一日じゅう寺院の周りをまわっている。

そういう修行をしたら極楽浄土すると信じられていて、チベットの人にとってのメッカみたいなのがポタラ宮。そこにダライラマがいた。

ポタラ宮にはいっぱい神様がいて、「これはなんとかっていう神様だよ」と現地の人が教えてくれる。お経が書いてある誰も読み切れないほどの書物が棚にびっしり。読み切れないから、その棚の下をくぐるだけで読んだことになるとも教えられた。マニ車ってのがあって、それを一回転させるとお経を唱えたことになるとかね。そういうことも一つひとつ新鮮だった。これだけ神様がいればきっとご利益があるだろうな。三蔵法師とかはきっとこういう所をもとめてたんだろうな。そこには家族で来て荒行してる人たちがたくさんいた。中には子どもの頃から、もう何十年も修行していて、お寺のまわりは何千回もまわりましたよっていう人もいた。もうライフワークだよね。巡礼に行けない人たちは、そういう人たちに施しをして、「私は行けないから私の分もお参りしてね」ってたくすわけ。そういう文化。僕らについてきてる連絡官は漢民族の人たちだったから、チベットの登山協会やチベットの役所の人たちからしたらあまり気持ちがいいものではなかったかもしれない。僕はそういったことはなんにも知らなかったから大きな顔ができたけど、本当はいろいろあったのかもしれない。

ラサには、五日から一週間ぐらいいたかな。ご接待も受けるけど、体の順応と、そこの到着しているはずの日本からの装備の引き取りが滞在の目的だった。

日本からの装備の中で一番大きな荷物はスポンサーさんからの協賛品で、三菱パジェロ四台とデリカ二台。それを北京から送り込んだ。中国で日本車なんて、宇宙船を見るような感覚だった時代。どこを見わたしても、中国製しかない中に、パジェロとデリカが来たわけだからもう大変。

なんと、デリカ一台パジェロ一台が北京で没収されたという。理由は「アクセルとブレーキが逆に付いていたから」だそうだがもちろんそんなわけはなく、それも作戦通りだったみたいだ。北京のお偉いさん方に置いてくる理由が欲しかったというワケ。

残りの、というか予定通りの台数がチベットに届いたのを見た時にはちょっと感動だった。二ヵ月も三ヵ月も前に発送された車がそこにある。チベットの地に日本の車があるということ、「お〜、よしよし」って感動した。

空港から街中までは、ぼろぼろのバスに乗って一時間以上。街から離れたところに空港を作るというのがチベット自治政府と漢民族側との建設の条件だったそうだ。遠路はるばる、それもものすごい遠回りして、鉄橋をわたってパジェロたちは街にやってきた。

北京からチベットに旅した時点で、もうパリダカールラリーみたいなものなのに、更にエベレストのベースキャンプまでいくわけだから。日産でもトヨタでもなくね。三菱がね。なんだか妙に感動した。

ところで、みんなでそのパジェロに乗ってベースキャンプまで向かうことになるんだけど、どうも僕の席が見当たらない。「あれ？　俺の席がない！　俺のは？」って先輩に聞くと、「え〜っと。近藤の席はないなあ。近藤は、あのトラック乗って行って」って。さすがに荷台じゃなく助手席だったんだけど、ぼろぼろのチベットの車で「しゅーん」って感じ。そして毎日三〇〇キロとか五〇〇キロずつ一週間かけて移動。ものすごくガタゴト道で、波瀾万丈なドライブ旅だったなあ。川に橋がかかっていないから、水の中を四駆で突っ込むしかない。川が凍る季節だから標高が高いところだと氷の上を走るんだけど、でもある程度のところまで来ると、氷が割れて車が落ちたりする。そうすると復活できなくて、押そうとしても、自分が落ちてしまうから、車同士で引っ張り合いをしながらなんとか引き上げる。とにかくものすごく時間がかかる。

なんだか足で山登りを始める前からドラマというか冒険が始まってる感覚がした。珍道中がいっぱいあって、チベット人や漢民族との交流もあって、新しい世界での異文化コミュニケーションはそうとう面白いものがあった。

チベット人は基本的に高所には強くて、高いところで平気で酒が飲めるんだけど、僕らはコップ一杯飲むとクラクラしてくる。中国のビールって、冷えてないし、アルコール度数が七度で、どちらにしても受けつけられない。

四三〇〇mあるシガールって町に行き、四〇〇〇m後半の村へ行って高度順応のために二、三泊。ベースキャンプに到着するのが一〇月の末。登山が開始されるのは一一月一日以降。

冬期登頂は一二月一日以降でないと認められないから、高度順応は始まるんだけど、ベースキャンプを構築することしかできない。

ベースキャンプ（BC）は、中国語だと大本営業。TBC（テンポラリーベースキャンプ）とも言われ、そこに中国の連絡官とか中国の通訳さんたちが残り、僕らは二日間歩きこんだところに更に前身ベースキャンプをつくる。それがＡＢＣ（アドバンスベースキャンプ）。アタックベースキャンプっていう人もいるかな。

そこで活躍するのがヤク（毛むくじゃらの牛）。近くの村じゅうのヤクが百頭ぐらい集められ、ものすごい悪路を荷物を載せて歩く。まあ、登山道なんてないようなもんだよね。僕らが入る前に、日本隊が一回入ったのと、中国人が入っただけだから。道っていうよりも踏み跡がちょっと残ってるだけ。

一〇月、一一月は高度順応を繰り返し、ベースキャンプを整える。僕は水汲み、お掃除、料理のあとの鍋洗い。石を組んで平なところを作ったり、テントの張り綱を調整したり。

水は、流れている氷が溶けた水を使う。氷河の水が少しあったけど、朝晩にはそういうのもみんな凍っちゃってた。昼間は太陽の光で溶けて少し流れができるけれど、朝晩は氷をピッケルとか鍬で砕いて氷を鍋にためて融かす。

でも川の水質は悪くて、雨が降ると山が荒れるから、氷河の水は白濁してる。氷河の何万トンという圧力をうけて、絞り出されたものが全て入りこんで流れてくるから、雲母質とかミネラル質なんかがいっぱい入ってくる。

池みたいな水たまりに流れ込んでくる時は真っ白なんだけど、時間が経つと、沈殿して下が白濁する。

そんなので作った料理って硬質すぎてあんまり体によくないと思うんだけど、僕はなんでもおいしく食べる方だから大丈夫。

中国側に一応コックがいるけど、あんまり料理がうまくないし水も汲みに行かない。使用人じゃなくて協力員だから、日本人と平等の位置にいる。でもシェルパさんたちは「雇って頂いている」っていう気持ちでいるから、水も汲んでくるし、整地もするし、トイレ作るって言ったら一緒にやってくれる。でも中国人はそういうことは全然やってくれない。

ある時、水汲み用のタンクがなくなったことがあって。先輩が「あれ？ ポリタンないよね」って気づいて。

ポリタンクは、今井先生が働いていた女子医大病院の透析室から透析用の液体が入ってたポリタンクを何十個も提供してもらった。そういうゴミになるものを引き取って登山に使う。今井先生はそういう発想の人だ。

ポリタンクは、チベットの人からしたらものすごく貴重。普段水は、鉄のドラム缶に入れたり、木の器や動物の革を縫い合わせたものに入れたりしていたわけだから、ポリタンクなんて夢の家庭用品。

実はチベットでは、裕福な人からものをもらうのは大きな罪じゃないっていう発想があるみたいで。盗むことはよくないけど、こういったことなら神様にも勘弁してもらえるだろうっていうものさしがあるからか物がなくなる。ある日、またなくなったのがわかって、先輩が荷物を持っていこうとしたヤク使いたちを全員捕まえて、「お前たち、とっただろう」って詰め寄った。「いえ、とってません！」っていうんだけど、お腹が四角くでっぱってて。もうあきらかにポリタンクの形になってるわけ。もう頭きてるけど笑っちゃって。もうあきらかにイモトアヤコさんの冒険をコーディネートしてる貫田さんていう先輩なんだけど、「こらー！」って一応怒ってた。でも、とりあげると泣いちゃうんだよ。子どもみたいに。サングラスがなくなると、「サングラスがないと山には行けない」って言い張ったり。「もう誰々にあげたじゃないか、あれで充分だろう」って言うと、「いや、ヤクにかけさせるから」って。「いや、ヤクかけないよ。目離れてるからかけられないし」ってコントみたいなやりとりになる。

もうそういったものは向こうからしたらキラキラしてたんだと思う。あとは、歯ブラシがなくなったり、食べ物がなくなったり、米がなくなったり。まあ、そんな程度といえばそんな程度なんだけど。

長い遠征を続けているうちに、ある程度荷物を送りきったら、もう荷揚げのお仕事ないから、ヤクドライバーたちも来なくなったけどね。

ずっと必要なのはメールランナーというチベットの中国登山協会で雇われた人で、ＢＣからふもとの町まで降りる時についでに手紙を預かってくれる人。

ある時「ねえ、ここで年末年始を迎えるわけだよね。よく紅白歌合戦で南極観測隊から電報が送られてきました、みたいなのあるじゃない。だったら俺らもやりたいよねえ」っていう話になった。いろんな所に働きかけたんだけど、結局それは実現しなかったなあ。

しかし僕は、その実現したかった企てを胸に秘めて、後に大変な事をやるのだが……。

そんなこんなでベースキャンプが構築でき、チベットの生活を垣間みることができ、少年近藤謙司としてはもう大満足だった。

毎日が大冒険。毎日が楽しくて、それこそ未開の国を発見するような探索の旅をしてるようなもの。

僕は五〇万円しか支払わずに、そんな冒険の旅ができたんだから、ラッキーとしか言いようがない。マルコポーロの東方見聞録みたいなもので。

頭の中にはフジテレビでドリフターズがやってた孫悟空の曲が「ニンニキニキニキ」って流れてた。

何が楽しいって、登山も楽しいんだけど、向こうの子どもとかおじいちゃんおばあちゃんと出会ったりするのが楽しくて。僕は相手の懐にぐいぐい入ってくから外国も日本人も一緒。垣根なし。先輩からは、「また近藤、勝手に人んち入ってるよ」って言われてた。これも新人類って言われるゆえんなんだけど、それは僕が無知だったってこともある。チベットの人々は、僕らの事を漢民族のスパイだと思う可能性だってあったわけだから、国と国との争いごとについて、しっかりした知識を持ってたら絶対入っていけなかったと思う。

でも不勉強な僕は、どんどん中へ入っていって、バター茶を飲ませてもらってね。これはバターとお塩を少し紅茶に入れて飲むチベットのお茶で、ちょっと塩っからいんだけど、タンパク質やミネラル質が入っているから、バランスのとれたいいものなんだと思う。栄養価も高いしね。でもその時はそんなありがたみが分らないもんだから「チョーまじいな」とか言いながら飲んでいた。今では飲めるようになったけど、まあ、そうそう何十杯も飲めるものでもないかな。

姉と義兄の話

この八五年の二回目のチョモランマ遠征で僕のパートナーだった樫原さんは、実はその後僕の姉と結婚をすることになる。彼はヨーロッパでは大先輩の山岳ガイド。そのヨーロッパで今井先生が見つけてきた逸材だった。

チョモランマの報告会の時に、誰も受付をする人がいなかったから、僕が姉に受付を頼んだ。その時に姉を見た樫原さんが一目惚れしたのがきっかけだった。

樫原さんは、親に勘当されるような形で二〇代前半にヨーロッパに出ていっちゃった人。パリのホテルのレストランで働いていたんだけど、休日にやることがなくてシャモニーに遊びに行ったら山に魅せられちゃったみたいで。

それまで日本でも一度も山に行ったことなかったのに、シャモニーの仲間たちと知り合って、突然「山ってすげー」ってなったみたいで、見よう見まねで山を覚えて山岳ガイドになったんだそうだ。

夏の間だけシャモニーにいて、秋から春にかけては料理人に戻る。そんな中、料理の仲間たちとの間で「ニューヨークの方がもっと稼げるぞ」という話になったらしく、その後ニューヨークへ渡った。まずは寿司屋で板前として働いて、その後自分で出資だけして友達が店を切り盛りしてくれる段取りで、「パセリ」という名前のサンドイッチ屋さんを開業した。ところがそれがうまくいかなくって、友達が「ごめん、俺ちょっとやっていけないから」って言って辞めてしまった。兄貴は「サンドイッチはちょっとできないからなあ。じゃあ、すしだ」ということで、その後一人ですし屋を切り盛りしていた。「パセリ」という名のすし屋。なんか変な感じ。

その頃にちょうどチョモランマ行きの話がきた。

報告会で姉と知り合って、僕が結婚した一年後に姉が樫原さんと結婚。姉は義兄と暮らすためにニューヨークに渡り、二人の生活が始まった。

義兄は子どもが嫌いで子どもなんかいらないいらないいって言っていたし、姉も四〇歳になりそうな歳だったんだけど、子どもを授かった。

その子が小学校四年生になった頃、義兄がガンになった。ちょっとアメリカの医療設備では難しいからと、お店を畳んで三人で日本に戻ってきた。

義兄は、アイガーなどヨーロッパの名峰を僕と一緒に登り、ガイドの先輩として色々なアドバイスをくれた。ビールが大好きで、朝起きるとまず一杯飲むような人だった。

ガイドでもある義兄・樫原良明と姉。

ヨーロッパアルプス・ブライトホルン・ハーフトラバースルート。楠忠樹さんと。

ヨーロッパアルプス・ブライトホルン・ハーフトラバースルート。
雪のナイフリッジを慎重に渡る。

ヨーロッパアルプス・メンヒ（4,107m）の山頂にて本田友子さんと。（撮影者／高濱充貴）

ネパールのメラピーク（6,476m）のアタックの途中からのぞむ朝日。

ヨーロッパアルプス・メンヒの西陵をリードする。（撮影者／矢鳴菜都）

1. エベレストのBC（ベース・キャンプ）にて、有名ガイドのバーン・ティハウスとセッションする。（撮影者／野口祐一）2. スイス・ツェルマットにて。 3. ヨーロッパ・グリンデルワルトのマルモルブルッホで岩登り。 4. 南極大陸最高峰ヴィンソン・マシフ山頂にて。 5. 世界最大砂漠、サハラにて。 6. 2006 年、チョモランマ。当時の世界最高齢の記録を塗り替えたアラじいこと荒山さん。

メンヒの西陵登頂後、矢嶋裕二、菜都夫妻と一緒に。バックはユングフラウ。

義兄・樫原良明が他界した年、義兄と登った
アイガー山頂にて祈る。

7 冒険登山のラストイヤー

チョー・オユー

チョー・オユーは、中国の登山協会から、「チョモランマに二回も挑戦して登れなかったから、そろそろ成功する山に成功する季節に登りませんか？」といった働きかけがあり、進められたプロジェクト。その頃は中国側から正式な許可を得てチョー・オユーに登ったことのある人は一人もいなかった。ネパール側から峠を勝手に越えて入って、許可なく中国側を通る。それが黙認されている時代が続いていた。

「秋なら登りやすいから行ってみましょうか」ということで登ったんだけど、冬のチョモランマ、しかも北壁の経験メンバーだったわけだから余裕。モンスーンの後だったので雪は深かったけど、難しい壁も少なく、比較的楽だった。

チベット人は、中国側からこの峠を越えてナムチェ・バザールに物を売りに行ってたりしていたから、それまでも人や物の流通はあった。牛を連れて、ヤクを連れて、クレバスもある氷河を渡っていく。すでにそういった貿易があったから、ネパール側の貿易マーケ

87年チョーオユー登山隊壮行会。
北村先生と森口先生、友人と母も出席。

ットが「ナムチェ・バザール」と称されるようになった。

今ではその峠も人民軍の兵士がバリケードの中から自動小銃を構えて監視している。二〇〇二年には、この峠で国境を越えようとした若いラマ僧が射殺され世界に衝撃を与えた。僕らがはじめて公募登山隊を出した年だった。

八七年は、大学は卒業していたけどまだ教職課程が残っていて、研究生課程で更に一年間大学に通っている最中。取れていない単位が教育実習だけだったから、教育原理とか教育実習にまつわるカリキュラムをこなして、ゼミに顔出すだけだったから自由が効いた。

その時に結婚もした。今井通子事務所にはいたけど、正社員になる前だったと思う。僕学生だけどいいのかなあ、と思いながら。妻は働き始めて三年目ぐらい。二年間専門学校へ行って、住友海上火災の総務部でオペレーターをやっていた。その頃は損保会社が花形で、すごくいい給料もらってたから、しょっちゅうおごってもらってた。「お前はヒモか?」とか言われながら。六月に籍を入れることになったんで、忘れない日にしようっていうことで、僕の誕生日にした。結婚式は迷惑な話だけど暑い盛りの八月一日。

僕はその年の五、六月頃、母校の淵江高校へ教育実習に行った。僕の担当の先生は新卒で僕より年下。ちなみに教職を目指したのは、「学校っていいなあ」「学校から離れたくないなあ」っていう漠然とした思いから。特にこんな先生を目指したいっていう目標はなかったけど、その時点で人生のなかで一番長く過ごしてたのは学校だったわけだから。

それに、先生って夏休みも春休みも冬休みもあるし、いいなあって。今井先生がガイドで連れていくヨーロッパのお客さんって本当に学校の先生が多くて、しかもその頃は、今井通子のツアーに参加すると研修扱いにしてもらえたみたいだった。

特に私立だと学生が休んでる期間、先生もまるまる休みをとれるなんていう話も聞いていたし、お給料もいいし恩給もある。それに教壇に立って教えるのも嫌いじゃない。

教育実習？　いやあ、楽しかった。熱血先生よろしく、いろんなことをやってあげたくなって、例えば軽音の子たちが練習する場所がないっていうと、場所を確保するために動いたりした。たった二週間だったけど、濃かった。こんなこともあった。金井君という脳性マヒの子がちょうど僕の担当クラスにいてね。金井君といえばその当時、障害児が普通高校に入る運動で全国的に注目されていた子。三年ぐらい苦労してやっと普通学校に入ったその年に、僕が教育実習生としてクラスにやってきたというわけだ。その金井君に、指差し文字盤でこう聞かれた。「いまのがっこうせいどについてどうおもいますか?」

何も言えなかった。障害児は普通学校に行っちゃいけないという法律はないのに、いざ行こうとすると、試験問題にしても、学校の設備、たとえばスロープにしても準備がない。

ちょうど教育実習期間中にあった社会科見学に、テレビ局がついてきた。行き先の箱根のホテルや見学地には、スロープはあったけどエレベーターはなくて。連いてきていた介助の人だけじゃ無理だからクラスのみんなでローテーションを組み、金井君を担当する。

学校でも階段を登る時は、その日の担当が「せいの」って言って車いすをつってあげる。金井君は卒業後、「やんま」っていうものづくりに関わる場所で働いていたけれど、二〇代で残念ながら亡くなってしまった。僕はかなりチャラい動機で教員を目指していたので、その時はなんだかすごく色々考えさせられた。

結婚

無事教育実習も終わり、いよいよ結婚式。夏は今井先生や登山関係者はヨーロッパに行っていて上司が誰もいなかったから、その年の二月に北朝鮮に同行して頂いた、朝日新聞の編集委員の岩垂さんという方に主賓として出席して頂いた。京橋会館というすごくリーズナブルな所。仲人は高校時代の体育の北村先生。妻は高校の同級生だったから、二人共通の恩師にお願いをした。

ちなみに妻は山岳部でもなんでもなく、いわゆる帰宅部。まあサークルみたいな感じで硬式テニスはやっていたかな。

新婚旅行は蔵王。結婚式の一〇日後には、チョー・オユー行きが決まってたから近場でということもあったし、もちろんお金もなかったからだ。

チョー・オユー行きの前、彼女のお父さんお母さんには、「危ない山はもうこれが最後ね」って釘をさされた。「チョー・オユーは結婚を決める八五年から決まってたから」ってことで許してもらったけど、結局その後も行き続けている。言い訳としては「遠征隊じゃなく、あくまでもガイドとしてですから。仕事だから仕方がなくて」って。

「あの時約束したのに、約束違反じゃない？」っていまだに言われる。

まあ、言い訳としてはかなり苦しい。グレーゾーンな言い訳。

チョー・オユー行きには、テレ朝のサンデー・スペシャルという特番の撮影班が来た。初めて正式許可を得てのチベット側からの登山だったから、テレ朝からも、カメラマンと有名な大谷ディレクターが同行して結構大きな隊になった。今井通子事務所にいる僕と早川、加藤っていう今好日山荘で頑張ってる子と大蔵さん。あと今井先生と旦那のダンプさん。

まあこれは夫婦で行ったのが問題だった。もちろん隊長は今井先生なんだけど、一緒にいるとちょっとしたことでもめる。ご飯食べてても「また始まった」って。みんなには「近藤よろしく」って言われるんだけど、僕だって間には入りたくない。大変なんだもん。

チョー・オユーは、外国人として初登頂者ということ以外は、世界記録的な目新しいことは特になかった。チベットは年々行きやすくなっていたし、舗装道もできてきていたし、チョモランマに二回行っていてチベットは三回目だったから、いろんな意味で楽に感じられたのかもしれない。八〇〇〇m級の山なのに、雨具着て登っちゃって。「なーんか楽じゃない？　この山」みたいな感じで。まだその頃は「世界で一番自分が強い」って勘違いしてた自分を引きずっていたと思う。

一つ新鮮だったことは、秋に行ったから、緑豊かで改めてチベットのよさを感じられたこと。それまでは、「険しい」とか「怖い」とか「埃っぽい」とか「殺風景」っていうイメージがあったけど、それとは全く違う印象だった。

残念だったのは、パラグライダー持参で行ったのに、それで山頂から降りられなかったこと。

僕は第一アタック組に入ってしまったから、ロープを張り巡らせるなど、ルート工作をしないといけなかった。その代わり、第二アタックで行ったダンプさんがチョー・オユー山頂から初フライトした。

そんなに辛くなかったから無酸素で登ったんだけど、山頂に着いたら、絶対何かパフォーマンスをやってやろうって思ってた。当時はラインホルト・メスナーがすごい有名登山家だったんだけど、彼よりも目立ってやろうって魂胆だった。そこで考えたのが「山頂でバック転」。ビデオカメラ持った先輩に「撮って下さい」ってお願いして、それが後にテレビで放映された。「いくらメスナーがすごくても、山頂で装備全部つけたままこれはできないでしょう」っていい気になって。それをたまたま西田敏行さんがテレビで見たらしくって。新聞の連載コラムに「謙司すごい」「涙が出た」って書いてくれて嬉しかった。

西田敏行さんとの思い出

西田敏行さんとは一九八五年の二月からアラスカに一緒に行っていた。チョモランマに行く前、同じ年に。植村直己さんが亡くなって、すぐに『敦煌』などの大作を撮っていた佐藤純彌監督のチームでの映画の話が持ち上がった。主役が西田さん賠償千恵子さんという豪華メンバー。先輩から「撮影のサポートを募集してる」って話を聞いて、「俺、やるやるやるやるやるやる」って。

撮影は二月、三月だから学校は休み。いいタイミングだった。東宝の仕事としてアラスカに行って、映画の最後にちゃんと山岳サポートとしてクレジットも出るという。一九八五年の二月にアラスカから撮影が始まった。ヒマラヤ、チョモランマ北壁、ヨーロッパアルプスの後、この話。学生の分際で、日当二万円ぐらいの仕事が舞い込んできた。四〇日間ぐらい行ってるから合計で八〇万円。行っている間は一銭も使わなかった。飛行機とか装備もすべて東宝持ちだったからお金を出す場面がない。

それどころか、先輩の五、六人と一緒に「冬のマッキンリーだからこのスキー板じゃないとだめ」とか「このウェアじゃないとだめ」とか言って、高級登山用具ばっかり買ってもらっちゃって。烏丸節子さんのだんなさんがやってた田中プロモーションっていうところが段取りしてたんだけど、実はその後すごい借金で倒産したらしい。後で「一部返してくれ」「スキーはどうしたスキーは」って言われたけど、「あ、あれはクレバスに落ちました」とか言ってごまかした。酷いもんだ。

僕、山岳救助隊の役もやったんだけど、実はインド人役のスタントもやってて。そこでリアルに怪我をして、西田さんがすごく心配してくれた。西田さんには可愛がってもらい、帰国後に銀座の高級クラブにも連れて行ってもらった。銀座の街を歩いてい

アラスカロケにて。植村直己役を熱演する西田敏行さんと。

ると「あ、びんこうちゃん」っておねーさんたちから黄色い声がかかる。西田さんの名前は敏行と書いて「としゆき」だけど、「びんこう」とも読めるからみんなからそう呼ばれていた。とにかくすっごい人気者だった。

大学生で高級クラブのホステスさんと初めて話したわけなんだけど、みんなすごく頭がよくて驚いた。「山やってます」っていうと、七大陸最高峰の話を出してきたり、エベレストとチョモランマという言い方の違いも知っていて。チョモランマって、当時まだあんまり一般的に知られていなかったのにしっかり知識として持っていて、皆さん本当にすごいなあって思った。

西田さんは四〇代の頃、この映画の影響もあり山に興味があって、番組出演も、ネイチャーものが増えていた。冒険ドキュメンタリー番組でアコンカグアに登ったりもしていたから、その当時の西田さんはすごい痩せてた。今はまたもとの生活スタイルに戻ったみたいでもうチョーメタボだけどね。

『屋根の上のバイオリン弾き』の時は最終公演の楽屋に呼んでくれた。それ以降直接は会

メイクしてインド人役のスタントマンに。
岩壁より飛び降りて宙ずりとなる。

っていないけど、ＷＯＷＯＷの番組に出る時に、西田さんの写真使っていいかどうかおうかがいの連絡をした時に、「いいよいいよー」って言ってくれて。また会いたいなあ。泣く笑う、喜怒哀楽の人。大好き。

実は撮影の時にもお世話になった先輩がヒマラヤで死んで、追悼の飲み会をやったりしたんだけど、西田さんもワンワン泣いて飲んで、「謙司、おめえは死ぬなよ」って言ってくれた。うちの娘の名前「梢恵」は、西田さんに「こずえって名前にするかどうするかって迷ってるんだけど」って言ったら、「こずえいいじゃん」って即答。「へえ。でもあだ名とかどうなっちゃうんだろう」って心配したら「俺の知人もこずえなんだけど、こっちゃんとかこずちゃんとか呼ばれてるよ。かわいくていいじゃん」って。それでこずえになった。

山を通じて広がった世界

今振り返ると、大学時代はすごく濃い経験をさせてもらった。山の世界は狭いから、山関連の撮影があったりすると、たちまち声がかかる。当時はネットもないし、誰でもすぐに連絡がつく時代じゃないから、すべて人づて。

『植村直己物語』の評判が伝わったり、紹介されたりして、なんとなくそんな仕事が西田さんの所属していた青年座を通じて舞い込んできた。

例えばNHKの『おもしろ人物伝』で、エドワード・ウィンパーっていうイギリスの登山家の回があって、その再現映像で浜畑賢吉さんのアシストをやったこともあった。堀ちえみ主演の『花嫁衣装は誰が着る』というテレビドラマでは、崖から転落する松村雄基君のスタント役でロケに参加したりした。おかげで松村君や岡野進一郎君、原田貴和子ちゃんたちと知り合って、飲みに行ったりもした。

『植村直己物語』のアラスカロケの後、それをを機にアラスカが大好きになった僕は、一時期アラスカから帰りたくない病にかかったことがあった。

困ったのは今井通子先生。国際電話して帰りたくないと伝えたら、「何言ってんの。今年もうチョモランマでしょー。ケンちゃん帰ってこないと、チョモランマ行かないから」とかなんとか、結構長い間説得されたんだけど、「うーん。でも今は帰りたくない。俺もう大学も行かなくっていいやって思ってて」とかなんとか言って。

ウィンパーを演じる浜畑賢吉さんと。
中央アルプス宝剣岳にてロケ。

実はマッキンリー撮影では、登頂グループから外されて、ベースキャンプキーパーを命じられ、かなりやさぐれていたこともある。一度風邪ひいて荷揚げをさぼった日があった。具合悪くて寝てたら、リーダーやってるカメラマンに「近藤はずせ」って言われて。マッキンリーの最終キャンプまで荷揚げしたのに登頂できなかったことが悔しくてすごく後ろ髪ひかれて。このまま残ってマッキンリー登ってから帰りたいという思いがどんどんどん強くなっていった。

マッキンリーに登るとなると五月六月にアラスカにいないといけないから、学校を捨てないといけないし、今井通子事務所も辞めないといけない。それでも登りたいと思って覚悟して電話したつもりだったんだけど、結局今井先生に説得されて四月に帰ってきた。

破天荒キャラ

周りの奴らは、僕のことを「変わった奴」だと思っていただろうと思う。「破天荒」とか「突拍子もない奴」ってよく言われた。クラスで面白い奴がそのまんま「とんねるず」みたいにお笑い芸人になりました、という感じ。

不良じゃないから、親や先生に反発したり、破壊行動をしたりすることはまったくなかったんだけど、はしゃいだりするのが好きで、ただただ受けが狙いたいのと、目立とう精神でそんなことばっかりしていた。

バイト先でもしかり。経堂駅に隣接していた今井通子事務所の一四階の窓から、プラットフォームに向かって「お仕事ご苦労様でーす」と叫ぶ。もうそこにいるOLさんやサラリーマンの方たちがびっくりしちゃって。今井先生も「わ、こら。やめなさいっ」って。

それだけ目立ってたけど、不良から絡まれることはほとんどなかったな。仲良くなったりしたけど。中学の時は服装は不良と同じように髪の毛かためて鏡ばっかりみてたこともあったな。

高校になると髪型は自由で、やってたバンドが、ブリティッシュハードロックだったりローリングストーンズだったりしたから髪の毛のばしてて。渋谷に行くような格好して、見てくれはサーファーなのにやっているのは実は登山。「サーフィンしているの？」って女の子に聞かれて「ううん、山」って答えると、「え？

79年。バンド活動が絶好調の頃。
山野楽器の広告用に撮った写真。

山ってなあに～？」って。当時はほんと、山やってる人は少なかった。

大学生時代も、いわゆる今でいう普通の大学生。当時流行ってたデニムのブーツカットを履きウエスタンブーツを履き。上はタオル地のポロシャツとか、ムラ染めのアロハとか流行ってて。

僕らバンドのメンバーでコンテストに出たことがあったんだけど、僕らの二年前に優勝したのがサザンオールスターズだったから、まさにああいった海寄りのファッション。ちなみに僕らがコンテスト出た時のゲストがサザン。

その時一緒に出たのが、氷室京介さんや久保田利伸さん。当時はどちらかっていうと、「音楽命」で「山はつけあわせ」だったかなあ。まあ、山の人たちから見たら完全に異端児だよね。

家族の存在

山の仲間からも、音楽仲間からも学生時代の友達からも、とにかく変わり者扱いされてた僕は、もちろん嫁からも呆れられてた。

「何やってんの?」って。まあ、子どもが小さいうちはなおさらそう思うんだろうね。「そんな危険な所へ行くなんて」っていう思いもあったんだと思う。

まあ、チョー・オユーはもともと決まってたから行かせてもらったけど、そこから帰ってきてからは、さすがにまずいかなと思い遠征へ行くのをやめにした。

実はヨーロッパに家族を連れていったことがあったんだけど、そこで家族と離れてガイドやってても、なんか落ちつかないんだよね。下の町に嫁と子どもがいると思うと、なんかちょっと怖くてね。ちょっとなんかあると「あ、もうちょっと止めましょうか。降りちゃいましょ」ってすぐ町に降りていっちゃう。なんだろう。やっぱりすぐ近くに子どもの存在を感じてしまうと、今までのイケイケな感じがなくなって、守りに入るというか。

子どもができてからは、パラグライダーとか危険でお金のかかる趣味もやめちゃったしね。

昔はなんか飛びたくって、高い建物とか丘とか見ると「あ、ここ飛べるな」って。家から近い荒川の土手でもよく飛んだなあ。飛び上がってすぐ着地しちゃうんだけどね。

人力のものに魅力を感じる。飛行機より鉄の骨組みを使っていないパラグライダーの方になぜか興味があって。鳥により近いからかな。

当時F1なんかのモータスポーツも流行ってたんだけど、なぜか全然興味が湧かなかった。パラグライダーは今井さんの旦那さんのダンプさんが日本に持ち込んで、「やるか？」って言われて「やるやるやるー」って始めた。当時はまだ日本で誰もやってなかった時代。山へ持ってって、ポンってひろげてさっと飛ぶ。それってすげーなーって思った。

まだ日本で教える人がいなくって、自分たちだけで暗中模索して始めた。当時は機体が途中でつぶれた時に元に戻すリカバリー知識なんかもなくて、今のパイロットより知識が少なかった中、第一次期のインストラクターになった。よく飛びに行ったのは伊豆の大室山、群馬県の鹿沢スキー場、岩岳スキー場など。まあとにかく「飛んでも大丈夫な所」。

その中には親父に頼んでやらせてもらった蔵王も入っていた。その蔵王で僕が飛んでる映像がテレビ山形の「明日の天気です」っていうコーナーのバックでずーっと流れてたなあ。夕方のニュースになると毎日。NHK教育テレビの『パラグライダー講座』っていう番組にも出てた。

マッターホルンをバックにパラグライダーフライト。
空に熱中してたとき。

「人があまりしないことをする」ことの恩恵

珍しいことやってるから面白い体験いっぱいさせてもらったんだけど、すごく印象に残っていることがあって。チョモランマから帰ってきて、なんと菊池桃子さんに直接お会いすることができた。当時彼女は『セイヤング』というラジオ番組で「桃子っぽいね」というレギュラーを持っていた。彼女冒険家とかが大好きでね。初めてのゲストが探検隊の川口浩で二回目が僕。僕が八五年のエベレストの時に、いたずらにファンレター出したのがきっかけ。なんでそんなことやったかというと、広島の高見さんっていう山の先輩が芹洋子さんのファンで山からファンレターを送った。当時はメールランナーが、二、三日かけて山のふもとの郵便局へ行き、そこから二週間とか三週間とかかかって芹洋子さんに届いた。当時ベースキャンプに二ヵ月も三ヵ月も滞在していたから、その間に芹洋子さんから返事が届いた。なんとカセットテープつきで。

「お〜」って感動して、僕もなんか記念になることできないかなあと思って。僕たちは冬を越す登山隊だから、紅白歌合戦に出られるといいなって思ってNHKに手紙を送った話は前に書いたけど、じゃあ次は高見さんにならって誰かにファンレターだそうかなって。

実は当時一〇〇社ぐらいあったスポンサーの中に光文社さんがあって、遠征期間楽しめるように、いろんなタイプの本を差し入れしてくれた。その中に多少芸能誌もまざっていて、菊池桃子さんの記事もいくつか載っていたその中に「冒険が好き」という記述があったんで、なんとなく興味がわいた。

もちろん超人気アイドルだからそれまでも「かわいい人だな」って思ってたんだけど、「そっかあ、冒険好きなんだあ～」って嬉しくなって、そのファンレターの宛先にハガキを書いた。そしたらそれがラジオで読み上げられたみたいで。

その時中国側にも電波が届くとかそういった情報が流れてたらしく、僕の知らないところで「近藤さん、頑張って下さいね」なんてラジオで応援されてたんだとか。それを聞いた『明星』がひろってグラビアにした。ある号の巻頭グラビアに菊池さんがスタジオでハガキを読み上げるシーンが写真で紹介されてて「こっちは山登ってるんだから知らないんだけど、一月にラサまで戻って家に電話したら、姉ちゃんが電話口で開口一番「あんた！菊池桃子に何したの？」「すごい取材依頼の電話があって、謙司さんいつ帰ってくるんですか？　だって。もう、知らないからね！」って。

日本に戻ると早速文化放送からラジオへの出演依頼が来た。その時僕の頭をよぎったこと。「この年齢で菊池桃子と共演したらきっとファンからボコボコにされるだろうなあ」。そこで今井先生に「あの～。僕と一緒にラジオ出てもらえません？」ってお願いしたら「いいわよ」って言うんで出てもらって。

そうと決まったら、もう完全に舞い上がっちゃって、有頂天。本人に会う前に写真集全部買って、レコード全部買って。一般の大学生なわけだからもう事件。「登山隊の近藤謙司さんに来てもらってます」って言われてなんだか知らないけど二週連続で出演して。で、舞い上がった末に、最後のエベレストで隊員の数だけ最高到達点で拾ってきた石があったんだけど、僕の分、菊池さんにあげちゃった。

そしたらその後『クイズ・ドレミファドン』というイントロクイズで有名な番組に彼女が出演した時の彼女からの出題が「私の宝物はなんでしょう」。答えは僕があげた石。いやあ、いろんな面白い思いさせてもらった。もうわらしべ人脈というかなんというか。

『週刊明星』に掲載された記事。
知らぬ間に騒ぎになっていた。

8 山が職場に

インチキ国際山岳ガイド誕生

そんな感じでどんどん海外登山にはまっていった。登山ガイドというのは、危険を伴うから一回のガイド料が高い。例えばマッターホルンをワンシーズンで一〇回登ったとしたら、当時はそれで一〇〇万円。僕の場合とにかく体力バカだからそんな回数平気で登っちゃうわけだし、向こうではほとんどお金を使う機会がないから、そのままそっくり日本に持ち帰る。帰ると何をするかというと、高校の時の友達呼んで「今日は俺のおごりだ〜」ってどんちゃん騒ぎ。

バンド活動してた時は、やれスタジオ代だ、やれ楽器買わなきゃってお金使ってばっかりだったけど、山だとお金は使わないわ、危険手当もらえるわだから「これ、いいね!」って味しめちゃって。とにかくひたすらどんちゃん騒ぎばっかりやっていた。

この間久々に高校の時の友達にあったら「近藤、お前はいっつも酔うと自転車投げてたよな」って言われて。そういえば、駅前で路上駐車している自転車見るたびに、えいやって投げるクセがその頃あった。「こんな所置いちゃいけないんだから」って言いながら投げるんだけど、「いやいや、お前の方が犯罪だよ」ってよく言われたもんだ。

アドベンチャーガイズを創立してからワースト3みたいな酔っぱらい方をした話もスタッフが思い出させてくれた。「近藤さん。屋形船の帰りはやばかったですね」って。会社の忘年会企画で屋形船に乗った帰り道、ホームのあっちとこっちで話してて「話が遠い」って言って、線路の上を飛び越えようとして助走始めたらしい。みんなが羽交い締めで止めてくれたんだけど、そうでなければどうなってたか。

おまけに、ホームにあったホースで水を撒き始めて自分もびしょびしょ。船酔いするから屋形船の中では静かにしてるんだけど、船を降りてからは本領発揮。飯田橋の事務所ならばぎりぎり帰れるぐらいの時間なのに、茅場町で「俺は竹ノ塚の家に帰る」とか言い出して。みんな「日比谷線、もうないですよ！」ってとめるんだけど「てめえら、俺のすごさを知らないな」とかなんとか言ってみんなの静止を振り切って一人で降りた。もちろんみんなの言う通り電車はなくて、そのまま全身びしょびしょのまま真冬の街を歩き始めて。そのうち茅場町と兜町の間のビルの垣根で寝ちゃったらしく、明け方「寒い！」って目が覚めてタクシーに乗ったんだけど、「お客さん、タクシーじゃなくて救急車の方がいいんじゃないですか？」って言われたぐらい。低体温症みたいな状態になっていた。

「ガイドって意外にいけるかも」っていうので始めたから「インチキ国際山岳ガイド」。もちろん根岸さんの姿に憧れてたし、今井先生のバックアップがあったからだし、ガイドとしての価値観も持っていたんだけど、正直こんなにお金を頂ける職業だと思っていなかった。でも自分が好きなことで思ったよりもいい収入があるってわかったら、俄然ガイドをやりたくなっちゃったんだよね。

もちろん危険な仕事だから、みなさんその対価を払って下さっているわけなんだけど、僕はとにかく怖いもの知らずだから、「え？　こんなにもらっていいの？」っていう感覚。「インチキ」って自分で言うのにはもう一つ理由があって。実はその頃まだ日本にはガイドをまとめる大きな協会がなかったから、日本のガイドさんは国際連盟に加盟してなかった。僕も含めて、その時代のガイドさんたちはみんなもぐりのインチキガイド。

加藤保夫さんのお兄さんの加藤滝男さんはスイスの人と結婚して向こうの国籍を持っていた関係でスイスの連盟に所属していた。だから加藤さんが国際山岳ガイドの資格も持っている唯一の日本人だった。

それから時が流れ、僕が二五、六歳の頃、日本も国際連盟に入れるという話が持ち上が

世界で一番と強いと勘違いしていたとき。
ドロミテにて今井先生と。

った。その第一回目の登録の時に、その発起人の今井先生から「けんちゃんも登録しなさいよ」ってお声掛けしてもらったのが僕が国際山岳ガイドの資格をとるきっかけ。

その頃は書類選考だけ。自分のプロフィールを提出しただけ。山の記録がたくさんあったし、その頃すでにヨーロッパでガイドをはじめていたから実績を認めて頂いたということらしい。

他のガイドの方で日本でずっとガイドをやっている重鎮もいたんだけれど、僕は二三歳、二四歳ですでにヨーロッパでのガイドを経験していたから、一〇歳も年下なのに、海外での山の経験年数は同レベルだったりして。

これは本当に今井先生のおかげなんだけど、他の方が一〇年二〇年やってやっとヨーロッパなのに、いきなりヨーロッパからスタートしたことは大きかった。

今どきの資格事情

時は更に流れ……今のご時世、ガイド免許を取るのが本当に難しくなった。

二〇代で国際山岳ガイドになれる人がまずいない。最年少で最短のカリキュラムをこなして三二歳。

国際研修に四回は行く。スキーの雪山と夏山と両方経験してから翌年に検定行って。国内で山岳ガイドのステージ2っていうのを取らないといけないし、それを取るのにも最低で三年ぐらいかかる。国際になるためには更に二年ぐらいかかるから、どうしても何年もかかる。受かったら三〇過ぎてるっていう意味では弁護士免許ぐらい難しいかも。

今はなかなか取れないのが問題。まあ、そう簡単に取得できても危険だから、ある程度難しくしておかないと、というのがあるんだろうけど。

一番難しいのがプロフィール。「マッターホルンの北壁登ったことあんのか?」「日本の冬の壁登ってんのか?」「記録、ある?」と問われてしまうのが現状。自己申告だから何書いてもいいけど、雑誌や山岳会の会報でクロニクルが出ていたりして、それが証明になる。ただ、最近の若い子でも、フランスで出してるピオレ・ドールの「金のピッケル賞」っていうのをもらっている子が出てきていて、そういう子がもしガイドになりたいって言ったら、大いにウェルカムしようっていう流れはあるんだけどね。ただ、そういう子が怪我をしちゃうこともあって。

自分が登るのと、誰かを連れていくのとはやっぱり違うっていうのがどうしてもあって、登山経験の多い子がガイドの研修中に怪我してしまったり。必ずしもスーパークライマーがいいガイドになるとは限らないというのを痛感させられる。

「突っ込める」人はすごい登山記録を作りやすい。ある程度過激じゃないと記録なんて作れないから。でもガイドには「過激」は要らない。そういうことをやってきた子が二〇代の半ばぐらいから「ガイドにでもなりたいな」って思ってくれると一番いいんだけどね。

でも、そういう風にプロフィールを重ねる子ってガイドにでもなろうかなって思う時期が遅くて、たいていの場合三〇代になってからだから。

集中して登ってる子たちは大学の山岳部に入ってからさんざん登っているだろうし、社会人の山岳部に入ってる子も、仮に二三歳ぐらいから山始めましたっていっても、三年五年あれば記録は作れるわけで。

でも三〇過ぎてから「じゃあガイドやろうかな」って思い立っても、そんな頃から記録なんか作れないわけで。それこそ、三〇歳過ぎてからオリンピック出ろって言われているようなもの。もう無理なんだよね。

だから早いうちに「ガイドになる」という目標を決めて取得にかかる子がもっと出てくるといいなと思う。

ただね。一つの壁は諸先輩方。先輩方は、二〇代とか三〇代の前半までにめちゃくちゃな登山やってる人が多い。どこどこの日本新記録持ってます、初登頂記録持ってますっていう人がいっぱいいて、そういう人たちは四〇ぐらいになってやっとガイドになれたわけだから、若い人たちに求めるものがとにかく厳しい。

「お前うまいよ、岩登りも沢登りもうまいけどさあ、で、どんな記録持ってんの？」って言われちゃう。だから若者が育たない。ここ登ってこいって言われたらもう死んじゃいますよっていうぐらい厳しいルートを求めたりする事もある。

取得はとても難しいけれど、ひとたび厳しい門をくぐり抜けたら、収入は安定するのは確か。名誉職として持っている人以外、国際山岳ガイドのライセンスを持ってる人は、ちゃんとそれだけで食べていけていると思う。取ればきちんと家族を養うことができる。

でもすでに何か他の仕事を持っていてそれで生計立て始めた人からしたら、国際ライセンスは取るのに何年かがかりになってしまって仕事どころじゃなくなっちゃうから、「だったらもう僕、国際ライセンスは要りません」ってなる。

この頃に日本のバリエーションルートにも。
黄蓮谷にて。

僕が国際ライセンスを取れたワケ

だから僕はとてもラッキーだったと思う。時代や周りの人に恵まれて、運良くライセンスが取れた。ただ、まったくの棚からぼたもちだとは思ってない。その時々で運命の選択があったはずだけど、その都度自分で選んで今の自分にたどり着いているんだと思うから。自分でチャンスをつかみ取ってきたという自負はある。

今井先生から「夏、ヨーロッパ行く？」って言われた時にはすぐに「はい、はい！」って手を挙げた。あそこで躊躇していたら今の自分はないわけだし。

それから、行ける環境を作ってくれてた親にも感謝だなと思う。僕の絶対的に健康な体、その体を作ってくれたことにも感謝。僕は絶対ご飯粒を残さなんだけど、それはきっとおふくろが「ご飯一粒に七人の神様が」って言っていたことが影響していると思う。箸の持ち方もうるさかった。特に自然派志向ではなく食材を吟味する親でもなかったから、普通にその辺のスーパーで買ったものでごはんを作ってたし、買い食いしちゃいけないとか言われたこともなかったから、圧倒的に自由だったな。子どもの頃って、髪はこうしなきゃ、勉強しなきゃ、何時から夕飯を食べなきゃ、休みの日でも九時には起きなきゃとか、自由がないっていう子が多いと思うけど、うちはそういったことが一切なかった。心身ともに健康に育ててくれたというわけだ。

初心者同士でいきなりメンヒへ

話を僕が初めてヨーロッパに行った時に戻そう。

その時僕は今井先生にガイドとして連れて行かれた。小学校の先生三名をお連れしたメンヒが、僕の登山ガイドとしての第一登目だった。

登ったことのない山だから、どこにどんな難しい岩場があるか、どこの雪が危ないかなど、まったくと言っていいほどわかっていなかった。

でも今井先生に「大丈夫、けんちゃん、行ってらっしゃい」って言われて。

今井さんのツアーはハイキングのツアーで、その中に「もっと高いピークに登りたいわ」っていう人が出てくると、ピッケルやアイゼンが必要になってくる。今井先生はガイドが本業ではないから、そこでガイドの出番。普段はヨーロッパ在住の日本人ガイドがやる役割がいきなり僕にまわってきた。

当時はガイド的にどうだったかというと、ほんと怪しいもの。連れていく人は初めてアイゼンを履くような人で、後から考えると恐ろしくなる。今の僕だったらメンヒっていう山にはそんな人絶対に連れていかない。それはひとえに、知識がなかったからこそのなせる技だったんだと思う。

メンヒという山は、一人のガイドに対して多くて二人。稀に三人引き連れているツワモノガイドもいるけれども、ほんと、よくなんの経験もない僕があの山に三人も連れていったものだ。何も問題がなくてよかった。

ひょんなことからそんな経験をして、おかげさまでそれがガイドへの自信に繋がった。自信というか、過剰な自信。

今井先生もよく僕なんかに任せたもんだ。まあ、信頼してくれたんだと思うから、感謝の一言につきる。

ただ、今まで他の人がやっていたものを僕にまわしてくれたんだから、周りの人からは「今井さん、気まぐれだからなあ」とか言われちゃってたんじゃないかなあ。

マネージメントの仕事で鍛えられたこと

日本では、僕が今井先生のマネージャー役なんだけれど、ヨーロッパへ行くと立場が逆転。今井先生が僕のマネージャーになってくれて「近藤を使うと値段がこうでこうで」ってお客さんと交渉をしてくれる。

今井先生のお客さんはリピーターが多くて、毎年今井先生の箱根の別荘で、その年にオーストリアやスイスのツアーに行った人が集まり、同窓会を開く。

そこに僕もついて行って、「じゃあ、明日は金時山登りましょうか」なんていいながら近郊の山に案内するのが恒例になっていた。

山登りだけじゃなく、富士の風穴探検やパラグライダーやスキーに皆さんをお連れするのが楽しかった。

ちょうどその頃、今井先生のファンクラブである「クラブベルソー」が発足し、僕はそのメンバーの方のプレケア、アフターケアを任されていた。

手配なんかの事務作業も多かったんだけど、現地でのガイドなんかは僕が担当。その他マネジメントとして、講演の受付、取材の受付、現場まで車の運転なんでもござれ。

いつも今井先生のでっかいクラウンを運転して講演に同行。そうすると講演先で今井先生が突然「うちの事務所で、ちょっと面白い男がいてね」って僕を呼ぶ。例えば「ちょっとここで花火やって」って言われると「どんと出た花火がきれいだな」とか昔よくあった宴会芸を披露する。千葉の県立の一〇〇〇人ぐらい入る会場でやった花火が一番でかかったなあ。

もうとにかくなんでもやる。「匍匐前進します！」とかね。ひとしきり僕が馬鹿なことやった後、「こう見えてこの男、エベレスト行ってるんです」ってさりげなく紹介してくれて。ほんとにお世話になったんだけど、ある意味で今井先生とは持ちつ持たれつだった気もする。今井先生は本当にぶっきらぼうな人だから「愛想がない」って誤解されることがあって、だから現場で僕が愛想をふりまいてないと、ぎくしゃくしちゃう。

僕はひたすら愛想を振りまきながら「どもども～」って手をこすりながら入っていく感じだったなあ。

講演なんかの堅い仕事の他に、CMなんかの華やかな仕事もあった。印象的だったのが、S&Bの新聞広告の仕事。乾徳山っていう山へ行ったんだけど、そこに一緒に行ったスタイリストさんやヘアメイクさんたちと意気投合して、それから長いつきあいになった。皆さん三〇代前後だったんだけど、いわゆるサラリーマン、OLさんとは違った感覚の持ち主で、とっても刺激を受けた。ファッションセンスもいいし一緒に遊ぶのが楽しくって、登山、パラグライダーなんかをして楽しんだ。

さっき今井先生は愛想がないと書いたけど、それには職業的な理由があるように思う。彼女は、泌尿器科の医者だったから、初めて入ってきた患者さんに向かって明るく「こんにちは！」と言うことができない。あまり目を見ないでまじめに「こんにちは」って言う習慣がついているのかもしれないな、と感じることがあった。世の中、人見知りか人見知りじゃないかにわけるとしたら、今井先生は断然人見知りタイプ。そう誰とでも仲良くなれる人じゃないと思うんだけど僕はその真逆。全く人見知りしなかったから、お互いちょうど役割を分担していたのかもしれない。

恩師今井通子の講演から学ぶ

そんな風に今井先生の講演を何百回となくきいているうちに、今井先生の知識を吸収することができたし、度胸もつけることができた。

今井先生は、まるで長嶋茂雄みたいに、ドンとかバンとかギャンとか言いながら感覚的な話し方をする人なんだけど、実はしっかり裏付けの理論を持っていて、頭がいいから話が面白くて。

その頃「森林浴」って言葉が流行ったんだけど、今井先生ならではの言葉で「自然浴」っていうのがあって。「森林浴」という言葉は、森の中のフィトンチッドとかヒノキチオールとかが人間の体を浄化するってことがだんだんわかってきた頃にできた言葉なんだけど、今井さんは「人間にいい影響を与えるのは森林だけじゃないはずだ」って唱えてた。土の匂いとか、牛の鳴き声、いろんなものから、ストレスを解消する原因になり得る、いい影響を与える波長が出てるんじゃないかって。

自然界の中には、何一つ同じリズムのものがない。風の音は繰り返されるけれど、音を分析すると、決して同じサイクルで音が出ているわけじゃなく、必ず違うものが混ざっている。自然界には、いわゆる「サイクル」というものがないから、それは絶対に人間にとって有効に作用するし刺激になる。匂いもそう。それは絶対に人間の五感のするどさを高めてくれるものに違いない。

1986年。クラブ・ベルソーのイベントにて。
今井先生、アシスタントの岡野（同級生）、
清水の望月さんご夫妻と。

そういった今井先生の、あるいは誰か別の学者の理論を今井先生なりにミックスした理論が僕は好きで、いまだに講演やトークイベントでその話をさせてもらっている。

今井先生の講演は、そういった知識に裏打ちされたお話の内容もさることながら、話し方にしてもとっても上手で。

杉やヒノキから出てくるフィトンチッドは鎮静作用、人を落ち着かせる作用があるから、なんとなく興奮している人は森へ行きましょう。でも、どんよりしている人は、森へ行っちゃうとさらにどんよりしちゃうから行っちゃだめ。そういう人は海へ行くといい。なぜなら防風林として使われていることの多い松の木からは興奮作用のある物質が出ているからとか、とにかく面白い。

すでに興奮している人は海へ行くと更に興奮しちゃって暴走族みたいになっちゃう。だから、暴走族は山へ行きなさいって。その話し方が面白いのなんの。

「海へ行くと開放感があっていいわ〜。アドレナリンが出てる感じ」って思うことがあったら、それは近くに生えている松の影響かもしれないとかそういう話。

今井先生は、自然教育というのにも力を入れていて、その中でとっても印象的な話があった。

当時、世田谷の私立の小学生たちをスイスに連れていったことがあった。彼らは自然に対する経験値が少ないから、アルプルの情報知識はあっても車窓からの風景にさほど感動しない。「ああ、テレビで見たことある」とか言いながら落ち着いたものだった。

面白かったのが、ツェルマットの駅についていざ電車から降りたその子たちが一番最初に感動したもの。それは牛とか羊とか馬のウンコ。

「うわ〜。牛の糞がある。くっせー」って大騒ぎ。駅前に馬車がいっぱいいるから確かに臭い。「このきれいな景色の中なのに、この臭いは何?」って。山歩いてても、景色そっちのけで、「うわ、ここにもうんちがある」って棒でつんつんつっついて、「うわ、こっちハエがたかってる」「わ、こいつ下痢してる」って。そういうの見て、今井先生と「いやー。面白いね」って言ってた。確かにそれも「自然浴」の一つなんだなあって。

さて、自然の中に連れてこられ、そんな反応をした都会っ子たちが、山の傾斜面に立つとどうなるかっていうと、後ろに後退しちゃう。

都会はきれいに整備されていて、勾配のある所にはきっちり階段が作られているから、段差のない勾配を経験する機会が極端に少ない。

階段だと勾配はあっても、歩いているのと同じ動作で上がれるけど、坂道は経験がないと無理。「都会っ子は坂道でバランスがとれない」。これは僕にとって衝撃の事実だった。下る時はどうか。どんどん加速していって、つまずいてこける。まあ、止まっていることもできるんだけど、「そこで止まってごらん」って言うと、みんなバランス崩れちゃう。「現代の子は問題だぞ」っていう話をしたのをよく覚えている。

風が吹くと体が冷たくなるとか、そういうのも全部五感。現代人は、視覚や聴覚は優れてるんだけど、嗅覚や触覚が鈍ってるそうで。

味覚もそう。麻痺している。赤ちゃんが子どもの頃になんでも口に入れるのは、味覚で食べていいものか、そうでないものかを学習していくためなのに、それをする前に「食べちゃだめ」「口に入れちゃだめ」ってやられちゃうと、そういった感覚が育たないんだと思う。食べていいものか、食べてはいけないものかの判断力も鈍っている現代人が自然界に身を置くことで、感覚も研ぎすまされてくるんじゃないかっていうのが、今井先生の持論。

登山はいいよ、トレッキングはいいよっていうのは、そういうことも含んでそう言っていたんだと思う。

今井先生の講演の内容にはぶれがない。核心がいつも一緒。導入は「今朝、うちの庭で」とかそういった枝派なんだけど、だんだんと核心に迫っていく。聴いていて、本当に勉強になった。

ヨーロッパでは登山家はヒーロー

今井先生とスイスに行くようになり、オーストリアにも足を運ぶ機会が増えたんだけど、たまたま降り立った駅で、ある大きな看板を目にした時には本当にびっくりした。

登山家のラインホルト・メスナーがコーヒーかなんかの広告看板に載っている。飲料水やコーヒー、ビールといった広告には、たいていその国を代表するような人が起用される。ああいったレベルの広告に、登山家が？　それも、山とはまったく関係のない商品に？　これはすごい驚きだった。

俺も高校になってからやっと知った、山の本で見た登山家が。日本では知る人ぞ知らない超マイナーな人が、僕は山やってるから知ってるぜっていうレベルの人がメジャーな商品の広告に？　もちろん今でこそ、野口健がコーヒーのコマーシャルやったりしてるけど、当時はそんなこと考えられなかった。そう考えると今井先生がコカ・コーラのCMに出ていたのは、すごい事だったんだなあ。

いまだにだけど、僕が「国際山岳ガイドやってるんです」ってヨーロッパで言うと、それを知った途端に向こうの人がすごく驚く。「あなた、日本人でしょう。まあまあ」って。

日本だと「あんたアメリカ人なのに、柔道やってるの?」「あなた外国人なのに歌舞伎役者やってるの?」っていうのと同じぐらいの驚き。一握りの選ばれた人がやっているような職業を日本人がやっているっていう驚きがあるみたいで。

相撲界でも、バルトなんかが「青い目の相撲取り」って言われて話題になっているけど、そんな感覚なのかもしれない。

僕がそうだと分るなり、皆さん本当に大事にして下さるし、すぐに覚えて下さる。すごく権威のある資格だから、宿泊費がタダだったり、ロープウェーがタダだったり割引だったりと、色々恩恵を受けることもある。

山小屋だと着くなりビールがぽんと出てきて「お金は?」って言うと「いや、いいから」って言われることもある。レストランでも「あなたはお代はいいのよ」って。なんかすごいなあって、いい気になっちゃったりして。

メスナーと一緒に無酸素登頂したピーター・ハーベラーさんのコマーシャルなんかも見かけて、すごく嬉しくなった。

日本にはそういったことは一切なかった時代だった。植村直己さんでさえ、お出になっていなかったし、加藤保男さんだってあんなにイケメンだったのに出ていなかった。

あ、でも長谷川恒男さんは出ていたなあ。あれは面白かった。早稲田予備校のCMなんだけど、『北壁に舞う』の映画の場面で、そのバックで長谷川さんが「落ちない、落ちない。絶対に落ちない」って言ってるの。すごいなあって思った。異業種だよね。

コマーシャルといえば、登山家自体が出ていたわけではないけれど、昔大原麗子さんがサントリーレッドのコマーシャルで、着物着てだんなさんのために荷物を詰めたキスリングを最後に足で思いっきり蹴るっていう場面があったけど、あれもほんと、萌え〜って感じだったなあ。

かつて昭和三〇年代後半から四〇年にかけて、第一次登山ブームというのがあった。ちょうど日本人がマナスルに初登頂した時だった。テレビで緊急ニュースになったぐらいだから、日本人にとっては記念すべき大きな出来事だった。その頃学生になっていた、今井先生や植村さんは、そこで山に出会ったんだと思う。で、その後、今井先生たちが三〇歳近くになって、アイガーの直登ルートを世界で初めて登ってそれが大きなニュースになった。それが一般の方の山登り心をくすぐって第二次登山ブームが起きた。今のブームは第三次ぐらいじゃないかな。

山ガールさんとかファッション的な流行りはすぐに廃れると思ってたのに、まだ続いているから息が長いなあって思う。

山って現代人にある意味でもってこいの遊びだと思う。やりたい時にできる。友達がいなくてもできる。内容の「濃さ」も自分で選べる。別に高い山に登る必要はなくて、「今日は疲れてるから高尾山にしておこうかな」とか「今いい調子だから、今日は北アルプス行こうかな」とか。誰も彼も北アルプスに行く必要なんてない。自分の体に合わせて状況に合わせて選べるから、まさに今どきの人におあつらえ向きだと思う。

競技スポーツだったらそうはいかない。テニスだったら、力がなければコートに立てなくて壁打ちばっかりだし、サッカーだったら仲間が揃わないと成り立たない。バスケだって一人きりじゃあドリブルの練習ぐらいしかできない。山は予約がなくても受け入れてくれるんだからこれぐらい手軽なものはない。

今、女性でも一人でレストランに行く「お一人様」傾向にあるけれど、最近は山でも一人用のテント、一人用の調理道具いうのが売れているらしく、自己完結させる人が増えてるみたい。確かにパーソナル登山は成り立つけれど、パーソナルテニス、パーソナルサッカーってありえない。

以前十年ぐらい前に岩崎元郎さんがＮＨＫで番組をやったことで、中高年の間で一大登山ブームが巻き起こったんだけど、それが定着し、その後に若者の間でブームがやってきた。

第一次ブームの頃には、ほんとにみんな、こぞってやっていたから、だいたいどこの家にも、ナップサックやキャラバンシューズが眠ってる。

スキーも大ブームが巻き起こった。昭和三〇年代に、リフトの建設ラッシュがあり、ブルジョアの趣味だったスキーが庶民のものになっていった。そんな中『私をスキーへ連れてって』がスキーブームに火をつけた。その頃に比べたら、スキーもスノーボードも熱はさめたかな、今は。

登頂者が語る「近藤謙司」像❷

高田邦秀さん

（二〇一三年二月一五日取材）

山スキーへの参加が出会いのきっかけ

僕はスキーヤーです。

近藤さんとは、僕が仕事を辞めて妙高を中心に生活するようになってから知り合いました。

生活が落ちついた頃に、山スキーを始めたんです。それまではゲレンデで滑るスキーだったんですが、山が面白くなってきた頃で。

その頃ちょうど、アドベンチャーガイズとスキージャーナルとの共催で、立山でバックカントリースキーの講習があったんです。二〇〇三年の五月だったかな。近藤さんは開催者側。

最初の印象は「調子のいいやつだな」。とにかくノリの軽いやつで。

その時彼は怪我をしていたので、滑りは他のガイドに任せて夜の講習だけ担当していたんですが、説明はすごくわかりやすくて、頭のいい人だなと思った。ただ、まああの調子だから「軽いやつだな」って。

その後の飲み会で、二〇〇二年にランナー（高橋和夫さん）がチョーオユーに行ったという話になり、映像も見せてくれました。

「山をやったことがない人をそこまでの高さに連れて行くって快挙なんだ」という印象が残りました。

宴会の後、少し残って話をしていた時、「そういうこともあるんですね」「一般の人でも行けるものなんですね」なんて素朴な質問を投げかけるところから始まりました。

その後、何かの折に「僕なんかでも行けるんですかね」ってとりあえず興味があるということだけは伝えたら、「アイゼンとか使ったことありますか？」って聞かれて。「ないです。冬山の登山経験がないので」と答えたら、「そしたら、こういったのもありますよ」って。確か五月の立山でだったかな。温泉に入って話をしていた時かもしれない。そして六月にはもう別のガイドさんでカラマツっていう北アルプスの山に行っていました。

現地でそのガイドさんになにげなく「チョーオユーなんて行けるものなんですかね」って言ったら「行けるチャンスが

ある時にしか行けないよ。高田さん、その気あるんですか？」って聞かれて。「なら高所順応できる山に一回登ってもらわないと」って。

その後エルブルースっていうヨーロッパで一番高い山に登って、その年にはチョーオユーに登っていました。

夏に富士山に登ったりとかはしたことあるけど、山岳部でもなかったし、昔から山をやってるわけでもない。大学時代にそこら辺の山をちょっと登ったぐらい。

妙高に移り住んだのも、自然が好きで、東京ではなくて別のところに拠点が作りたいと思ったからだし、海よりは山がいいとは思っていたけど、そこまで山に関わるとは思っていませんでした。

誘われて、「自分でもできるんならやってみようかな」って。面白そうじゃないですか。素人が考えもつかないような所に行くなんて話。

前の年に行った人がいるなら、自分でも挑戦はできるかな？　なんて思ったわけです。

近藤さんはその年は大蔵さんにその登山隊を任せたので、大蔵さんと僕と同じタイミングで募集した八人とで行きました。

エルブルースに登る話をした時に、僕がスキーをやるのを知っている近藤さんが「高田さん、あそこスキーできますよ」って言うのでスキー板を持っていきました。まあ、そこはできたんですよね。

で、チョーオユーに行く時も「あ、高田さん。エルブルースで滑れたんなら、チョーオユーでも滑れますよ」って軽く言われて。

で、大蔵さんに連れて行ってもらう時に成田空港に僕がスキー板を持って行ったら、「おい、本当に持ってきちゃったよ」って。大蔵さんはスキーをする人じゃないから、もうびっくりだったと思います。

近藤さんは、スキーもスノボーもやるし、適当なところあるから（笑）。

僕としては状況も知らずに板を持って行ったわけですが、シェルパが上まで運んでくれることになったので、帰りは滑って降りてきました。

で、そのことを後で近藤さんに伝えたら「え？　ほんとに滑ったの？」って。あの山をスキーで滑り降りてきた人って、そうそういないみたいなんですよね。

そんなこと知らされてないから、まんまとやってしまった。

僕は登山家でもないし、登山マニアでもない。そんな厳しい山だって知ってたらスキー板なんて持って行かなかったのに。

とはいえ、今振り返ると、「ああ、楽しかったよな」って思います。

近藤さんとの初登山

近藤さんと行ったのはだいぶあとですね。

次の年にマッキンリーに登ったんですけど、その時も大蔵さんでした。そこでランナーこと高橋和夫さんと一緒になり、テントもずっと一緒でした。

ランナーは直前にエベレストに登っていて、次にマッキンリーに登ったら七大陸最高峰を全部登ることになるっていう時でした。

大蔵さんとしては、僕がチョオユーでスキーで降りてるのを見てるから、「まあこいつは大丈夫だろう」っていう目で見ていたように思います。

そこでも近藤さんとは一緒じゃない。

その後ＡＧのツアーで南極にも行ったんですけど、それもたまたま近藤さんじゃなかった。

近藤さんと一緒になったのは、ネパールのメラピークという六〇〇〇m級の山。「高田さん、そこも滑れますよ」って言われて「じゃあ、板持って行こう」ってなって。そこで初めて一緒に滑りました。

国内の小さなバックカントリーは一緒によく滑っていたんですが、しっかり密に過ごしたのは、その二三、四日間のツアーかな。

あ、その前にシシャパンマっていうチベットにある八〇〇〇m級の山に、四〇日ぐらいスキーやりに行くっていうんで行ったのが最初かな。

しっかり一緒に過ごしてみても印象は変わらない。調子いいやつだなって。でも、「調子がいい」っていうよりは、「人が喜ぶことに価値を見い出してる」っていう印象に変わったかな。

　彼にとって、みんなが喜ぶことは自分の喜びになるみたい。自分だけが喜んでいるのはどうやらダメで。

　北海道の富良野の山小屋に一緒に泊まった時のこと。

　AGのお客さんで一部屋借りていたんですが、隣の部屋にももう一組いた。「夜何時以降は静かにして下さいね」という所だったんだけど、まあとにかく夜もうるさいわけですよね。

　その時隣の部屋の人が壁をドンって叩いた。そしたら近藤さん何て言ったかというと……。「なんだよ、人が楽しんでるのに」って。なるほど、そういう価値観なんだって思いました。

　彼の中では、人が楽しむのが最上級だから、もし逆の立場で隣の部屋の人が楽しそうにわいわいやっていたとしても、「みんなが喜んで楽しそうだな」って思うタイプの人なんです。「俺は人が喜んでて怒ったことはない」ってぽろっと言ってました。つまり赤の他人でも、わーわーやって喜んでいると、「ああ、嬉しそうでいいね」って思う気質なんです。そこは決定的に人と違うところだと思いました。「自分だけ楽しそうにしやがって」っていう発想がはなっからないから、人が楽しそうにしているのを止める人に対してはむしろ憤りを感じるわけです。

　実際騒ぐことってはた迷惑なことでも

あるわけなんだけど、それは頭にはない。

　だから山で長い間過ごす間も、例えばヒマラヤだと五〇日ぐらいの行程になるんですが、そこでいかに楽しく過ごすか、そういう環境を作るかっていうことにはものすごくどん欲なんです。

　普通のガイドさんは、長期に及ぶ旅程の中でなるべくお客さんにストレスをかけないようにと考えながら配慮するわけですけど、近藤さんは頭でそんなこと計算しないで、根っから楽しくするのが好きだから体が動く、そんなタイプなんだと思います。サービスしているっていう精神でもない。そういうことが分ってくると、彼のいろんなことが理解できるようになりました。あの無邪気さも、あのいい加減さも、すべて理解できてくる。そこが理解できるから、また次も近藤さんとって思うんでしょうね。

　あの雰囲気が楽しければリピーターになるし、嫌だなって思えばリピートしない。

七〇〇〇m超えると頼りになる男

　妙高に来る時はうちに寄るのが恒例になっています。

　僕にとって近藤さんは、「標高七〇〇〇m以上は頼りになるけど七〇〇〇m以下は手のかかる迷惑なやつ」登山家としての技術はすごいから高所に行くと頼らざるを得ないんですが、標高が低い所では、常連客は結構彼のフォロー役にまわっています。

ベースキャンプにいる時なんか、僕は一人で順応できるから、他の人のフォローに回ります。

街中にいる時なんかは、もう「頼むよ」とも言わずに置いてくんです、荷物を。

以前常連だけで登った時、みんなスキーやるっていうから近藤さんも板を持ってきたんです。

でもバスに乗る前に二時間も三時間もみんなを待たせて。で、いざ登り始めようっていう時も「この板、借りてきたからビンディングが合わない」とかなんとか言ってずっと電話でやりとりしてるんです。結局出発が三〇分以上延びちゃって。僕ら常連客の中には「ガイド待ち」っていう言葉があるぐらい。

その日も結局滑りのスタートが日暮れ時になっちゃって、みんなヘッドランプつけて滑り始めた。

「もうしょうがないなあ」って。そういうところも全部筒抜けであけすけだから、あんまりえらく見えない。

こんなこともありました。

成田で二時間、客全員で近藤さん待ち。近藤さんは、飛行機っていうのは、ここまでに行けば大丈夫って知ってる。でもお客さんの方は何時間前に行って下さいって言われたらそれは行きますよね。普通の添乗員だったらありえない話なんですけどね。

　標高で言うと七〇〇〇m、斜面でいうと七〇度とか八〇度。それ以上だと本当にすごい。ロープワークもちゃきちゃきやるし、他のガイドでは見た事もないうような技を持っているし、的確な指示も出すからかっこいいんだけど……そのギャップがね、もうすごいんです。

　近藤さんは「このお客さんはこの範囲では大丈夫」っていう範囲ではなんにもしない。完全に放置状態で放っておいて、ほんとに大変な時だけなんとかするって感じですよね。

　心を許している人たちにはとことん甘える。でもそれは頭で判断しているんじゃなくて、体がそうなっているっていうか。

　以前何かの時に、「僕は嫌いな人が、この世に一人か二人しかいない」って言ってたんです。守備範囲がすごく広い。

　例えばご年配で言葉や行動がおぼつかない人にもニコニコしながら接しているし、きっと彼はそう接することにストレスに感じてない。サービスされた側は細やかないいガイドだって言うんですけど、近藤さんはそれを気遣いでやっているわけじゃないから、自分で気づいてないんですよね。

　結局人間が好きなんでしょうね。人と話したり、冗談言い合ってるのが好きなんだと思うんです。もちろん過去に本当に嫌な事されたっていう人は一部いるんでしょうけど、一人か二人だけしかいないという……。

垣根がないというか、例えば相手が偉いからどうとか、こういう人だからこうとかいうのが一切ない。まあ、「長いものに巻かれろ」の時も結構あるんだけど、計算じゃないんだよね。それで動いている感じはしないんです。相手を理解しようといったことも考えていないと思う。

根本的に人が好きで、人が喜ぶことが好きだから、人が喜ぶにはどうすればいいのかってことを感覚的に感じて自然に動いているというか。いわゆる「もてなし上手」っていうのとは違うというか。

ヒマラヤに行った時、お客さんの中にJTBの添乗員の人がいたことがあるんですけど、近藤さんが座っててペンが欲しいなっていう場面になると、その人が一生懸命ペンを調達してるんです。だから決して細かくはない。でもまあその添乗員さんが「本当は自分は客なんだけどなあ、でも近藤さんにならやってあげてもいいかな」って思ったわけですよね。

ポロポロと抜けも多いんだけど、その割に嫌われないっていうかむしろ好かれる。垣根がないという意味では男性も女性も関係ない。

ツアーに一人でも若いニューカマーが来ると、すっごいちゃんとやってますよ。「いつもあれだけ人を待たせてた人間が、こんなにサービスしちゃってるよ」って笑っちゃうんですが、まあ愛嬌があるから許せちゃう。わかりやすくってそれがまたかわいい。

近藤さんの魅力

どうして憎めないかというと、近藤さんに裏表がないからなんでしょうね。全部手の平見せちゃうんですから。

普通相手によって態度を変えているなんてところなんて見せないんだけど、近藤さんは思いっきりみんなの前でそれをやっちゃう。だからみんなが「今日だけなんでそうなんだよ」って面と向かって言える。で、常連につっこまれて「へへっ」って。ちょっと壁作って隠してる人がいたら「あの人本心どう思ってるのかな」って思うけど、その壁が全く彼にはないから。そういう意味では浅い人間なんですよね（笑）。

まあ、深いことも考えてるんでしょうけど、性格がすごく分りやすいから、誰も近藤さんを警戒する気持ちが起こらないんじゃないでしょうか。

例えば七〇〇〇m超えても、近藤さん自身は状態があまり変わらないんだけど、こっちが弱っちゃうから、近藤さんの助けがないと登れない。そうするといいところがどんどん見えてくる。

天候を読む、冬山で雪崩が起きる状態を見極める……。場数を踏んでいるから、そういう時は断然信頼できる。あれだけ有名で、能力もあるのに決して偉く見えないし、誰もそう思っていない。不思議な人ですよ。

精神的に安定感があるというのも彼のいいところですよね。気分にムラがない。

周りの人に対して、「あの人今日は機嫌悪いな」とか「今日は調子良さそうだな」なんていう気を遣わせない人ですよね。自分の心や体が安定しているから、調子の悪い人には一生懸命フォローできるんだと思います。

人によって、体力や性格によって対応の仕方を変えたり、本当に調子悪い人のところには、顔を見に行ったり、薬運んだり。

ダイアモックスという、酸素を取り入れやすくする薬があるんですが、副作用もあるから服用すべきかどうか、意見が分かれる薬なんです。

近藤さんは、副作用があるからできるだけ使わないという立場なので、それを使うタイミングはかなり慎重に考えているようです。

どうしてもそれで酸素を取り入れる必要がある時は使うけど、他の処置でなんとかなりそうな時はできるだけ避けるようにしているようです。

精神的にへたばっている子がいる時は、ツアーの中で放っておいて大丈夫な子は放っておいて、フォローをしたりね。

場を和ませるのもうまいですよね。ダジャレを言い続けるとかね。あとギターを弾いたりね。

あと食の場を大事にしていると感じる

ことが多いです。すき焼きの材料を持ち込んだり。過酷な山になればなるほど、余計なストレスをなくさないといけない。登ること自体がストレスで、酸素が少ないといったような避けられないストレスがあるわけだから、それ以外の余計なストレスをどう減らしていくかが勝負。

　日本人なら日本語で生活ができて、和食が食べられるとなると、いらないストレスは避けられるわけですよね。

　笑いだってそう。知らない人ばかりの場合、いらないストレスを溜め込んだりする可能性があるわけだけど、極力そういったストレスをなくす努力はしていると思います。

　マナスルに行った時、お客さんの中にいつもダジャレばかり言ってるダジャレおじさんがいたんです。その時は近藤さんすっかり黙っちゃって。それに対抗して自分も言い続けるんじゃなくって、場が和んでたらそれでいいって感じ。

　ただ、ガイドさんとしては貴重だけど、プライベートでつきあいたいかっていうとどうかなあ。あんな人が家にいたら、奥さん大変だろうなって思う。僕はたまに妙高に来た時に一緒なだけだからいいけど（笑）。

　きっと彼は家でもまったくおんなじだと思う。娘さんから「何やってんのよ。もう」とか言われながらも愛されてるんでしょうね。

　常識がないんでしょうね。いい意味で

も悪い意味でも、ちょっとずれてる。

これからも一緒に

今まで、エベレスト、チョーオユー、シシャパンマ、マナスルの八〇〇〇m峰とエルブルース、マッキンリー、南極ヴィンソン・マシフ、メラピークにAGから行ってきました。

僕の人生の前半と後半は、全く別物ですね。前半は、東京のカソリック系私立の中学高校の先生をやっていて、クラブ活動の指導なんかで少しは運動もしていたんですが、その程度。

そこを辞めて人生の後半を妙高で過ごそうと決めて、最初はのんびりぼーっとしていたんですが、たまたまそういう人と出会っちゃった。

ちなみに外国に行く経験も、近藤さんに出会うまではほとんどありませんでした。せいぜい五年に一回ぐらいかな。それも、修学旅行の業者から招かれて視察にとか、本当に受け身。自分で行くタイプではなかったなあ。

近藤さんといると、冒険心がくすぐられるんですよね。行きたくなる。「南極ってね。もう入れなくなるかもしれないよ」とか言われて「じゃあ」みたいな。

意図があって言っているわけじゃなくて、近藤さんもそういうのが好きだからなんだと思います。あの人の場合、意図があると見え見え。透けて見える人だから。

　近藤さんたちとつるんでて、たまたま周りに「エベレストに登ったよ」っていう人が出てくると、「自分でも登れるのかも」という気持ちに自然となってくる。近藤隊から行った人って、山岳部に所属していたわけでもないし、まさか自分が登るとは思わなかったっていう人が多いんですよね。

　例えて言えば、マイナーな種目をやっていた人が、たまたまその種目がオリンピックの種目に選ばれて、「あれあれ？もしかしたら自分もオリンピックに出られるかもしれない」って思う感覚なんだろうか、と勝手に想像してみたり。

　体力とか運もあるけれども、気持ちがあれば登れるんだって思えるようになったというか。

　もちろん、中には亡くなった方もいるわけだから、そこは近藤さんの中に重くのしかかっていると思うんですが。

　エベレストで自分が連れていった人が亡くなっています。それから同僚に任せたエベレストでもお亡くなりになっている。マナスルでも一人。

　マナスルのベースキャンプで、行程としてはまだ前半かちょうど真ん中ぐらいの時に亡くなった方がいて、もうここで登るのを中止しようという雰囲気になりました。彼も落ち込んでいたし、もう登れないという雰囲気ではあったんですが、結局登りました。

きっとその前に人が亡くなった時に判断に後悔があったからだと思うんです。

太田先生の時は僕はいなかったんですが、二つの隊に分かれて、一日ずらして行ったと聞いています。最初に行った隊の中で太田先生が亡くなって。それが分ったのは二次隊が出る前だったんですが、「もうやめよう」と判断して帰ってきてしまった。

その時の後悔からマナスルの時は「アタックしたいという気持ちがあるなら、やめるべきじゃない」という判断をしたんだと思います。

実は近藤さんも半分錯乱していて「なんで死んじゃうんだ」って叫んだりしていたんです。隣の大きな隊からお医者さんが来て、「この年齢のこういう状態の方だったら、高所じゃなくてロンドンなんかの平地を歩いていたってこうなる時はなるんだから」って言ったんだけど、近藤さんは「いや、心肺蘇生も倒れてすぐやったし、こんなのおかしい。なんでなんだ、なんでなんだ」って。で、向こうの隊長と話して冷静さを取り戻したみたいで、次の日に僕らのところにやってきて「やっぱり辞めるべきじゃないと思う」という話をみんなにしていた。

実際、行った人たちは楽しんでいるし、自分が本当に死ぬとは思わないまでも少しは覚悟を持って行く。遺族の方にもちゃんと理解をして頂いているみたいで、訴えられるようなことはない。

登りたい人がいて、その楽しみをサポートしてくれているのが近藤さん。亡くなった方は思う存分楽んでいる最中に死んだんだから本望だって、そんな風に残された人たちに思わせる何かがある。

それは、儲け主義でやってるわけじゃなくて、根っから近藤さんがああいう性格で、みんなの夢を叶えたいって心から思っているのが伝わっているからだと思います。

高所でなくても、山に入る時点で、事故はありえると僕は思っています。それが高所であればあるほどいろんな要素が附加されていく。

危険度は増すけれど、それでも行きたい人が後を絶たないというのは、それ以上の魅力があるということですよね。「夢のまた夢」っていう言葉があるけれど、それを実現させてくれる人がいる。これは貴重なことだと思います。

今までも行きたい人はいたけれど、外国の公募隊に参加して行くしかなかった。でも、日本にはＡＧのように、会社として大々的にやろうっていうところはなかった。どうして他の会社がやらないかというと、ビジネス上の損得でいうと危険なことが多くてあんまりメリットがないからですよね。

そんな危険をおかしてでも人を連れていく。これは儲けることだけ考えていたら到底できないことだと思うんです。

9 ガイド業本格化

今井先生からの卒業

ガイド業は続けていたんだけど、あくまでもバイト業だった時期が長かった。夏の間やってた、土日はやってた。でも、月曜日から金曜日は違う仕事があるという期間が続いた。土日は山に行くということが、今井先生のところにいたからできた。でも、結婚して子どもができると「遠征は行かないで欲しい」って言われ……。そうなると今井先生のところにいる理由がなくなってしまうから、だったら他に移った方がいいのかなと思い始めた。移るといってもまったく別の業界ということではなく、アウトドアには関わっていたいという気持ちがあった。

そんな時、縁あって入ったのがアトラストレックという旅行会社。チョモランマ北壁の登攀隊長だった先輩の大蔵さんがそこにいた。大蔵喜福という人は僕の山の先輩であり、人生の先輩でもあるような人だったから、そこにちょこちょこ遊びに行くようになっていた。そこの社長さんが磯野剛太さんっていう、例の大学の教授の息子さんだったんだけども、その人ともずいぶんと仲良くさせてもらった。そこで「ヨーロッパなら協力できますし、ここで仕事できないですかね？」と伝えておいたら、ヨーロッパ方面の強化を考えている時期だったのでトントン拍子で進んで。その当時はクリーニング屋さんの二階で三人ぐらいでやってて、かなりアットホームな感じだった。

雰囲気的にも「ここにいたいな」って思わせるものがあったから、入り浸るようになって、そのうち「ここに来ていいですか?」って言ったらすぐに「いいよ」って。まあ、今井先生は相当気分が悪かったと思うけど。

とはいえ磯野さんは今井先生とも知り合いだったから、「う〜ん。剛ちゃんのところに行って修行してくるのもいいかな」って言ってくれた。

今井先生、結婚する時とこの時と二回ふてくされた。

結婚した後は遠征にもあまり行かなくなったし、今までは遅くなると「じゃあ、今日は泊まっていきます」だったのが、講演会場でも「あ、すいません。僕今日はここで失礼します」という具合にどんどん変わっていくわけだから、そりゃあね。

もちろん僕が辞める頃には、僕以外にも二人ぐらいスタッフがいたから、僕が一人抜けるぐらいなんでもなかったんだろうけど。

アトラストレックへ

アトラストレックに勤め始めたら、初めて会社勤めした気になったものだ。朝みんなスーツを来て出勤する方針の会社だったから、そういうこともあったのかもしれない。それが磯野さんのスタイルだった。そこにいた九年間で、旅行業のABCを叩き込まれた。おかげで、旅行業、トレッキング、ハイキングビジネスっていうものがよくわかったし、磯野さんの人脈、顔の広さはいろんな意味で勉強になった。実は大蔵さんは僕が今井通子事務所を辞めるちょっと前にその事務所を辞めた。理由は結婚。結婚した相手は今井通子事務所で働いていた喜美子さんだったもんだから、急に一気に人がいなくなってしまった。その後、大蔵さんはアトラストレックを辞めて、ブルドッグという会社を立ち上げた。いつも大蔵さんは、自分は代表にはならずに会社の設立に参加して、その会社が必ず右肩上がりになるという伝説を持っている。

そこでの九年間は、一生懸命やったつもりだし、まともなお給料をもらうことができた。

アトラストレックでのスーツ姿のデスクワーク。
世界中の山々をたくさん勉強させて頂いた。

二、三人で始めた会社がどんどん大きくなっていくのがすごく面白くて。もちろんバブル崩壊のあおりもくらって痛い目にもあったけど、それでも本当に楽しかった。入ったのが九〇年で、その年にボーナスを五〇万ぐらいもらった。「わ、すごい。これが会社だ!」って単純にそう思った。そこで企画していたツアーは、登山の他にトレッキングにハイキングと色々。アフリカとか南米とか、とにかくいろんな国の山に行くから、すごく新鮮だった。大蔵さんは、商才は「?」だけど人脈がとにかくすごい。圧倒的な信頼感があるから、大蔵さんがいる会社は絶対にうまくいく。学者肌でまじめな人なんだけど人望があって。奥さんもいい人で、この二人はもうほんと、親も同然。十二歳離れた寅年同士。僕の人生に大きく影響している二人。奥さんは、冬山も岩登りもしないけど、今井先生の企画に参加するぐらいのトレッキング好き。どっぷり山につかってた人じゃないけど、それでうまくいってるんじゃないかな。

アトラスに入ってからは、南米、メキシコ、アメリカ、ハワイ、ロシア、アフリカ、韓国、台湾、ニュージーランド、マレーシア、パプアニューギニアの自分の、趣味じゃ絶対にいかない山に色々行くことができた。クライマーとしては興味が湧かない山でも、一般の登山愛好家にしてみれば、充分に魅力的な山というのは世界中にたくさんある。

例えば台湾の玉山、昔の新高山(ニイタカヤマ)にしても、富士山より高い。あの小さな島国に、三〇〇〇m後半の高さの山があるんだから驚く。海外へ行きたい人のほとんどの人が、富士山より高い山か氷河のある山に登りたいから行くんだということが分ってきた。日本にない環境や自然を求めていたりする人も多い。ネパールでトレッキングやハイキングがしたい人も、日本の縦走登山と違って、異文化、異民族、異宗教を感じて旅するのがすごく面白い。クライマー系の人はさらにもっと標高の高い山を目指す。ちなみに、アトラストレックに入って一番最初に「近藤、今度ここ行ってくれ」って言われたのが、キリマンジャロ。なんとアフリカ。今でも英語がおぼつかないのに、ほんとに海外添乗していいのかなって思った。だって、中学校高校レベル以下の英語なんだから。案の定大失敗。何をしでかしたかというと、帰りの飛行機に乗り遅れた。なんと、現地の会社がレストランに迎えに来る時間がまったく違ってた。間違えたのは現地の会社なんだけど、向こうで渡されたスケジュールをきちんと再確認していたら未然に防ぐ事ができたはずだった。夜のフライトだと思って行ったら、「あら、もう行っちゃったわよ」って。実際のフライトは、昼間だったわけだ。結局、現地手配会社と交渉して、どちらが悪いかを話し合った、今回の場合は現地の会社があきらかに希望と違うスケジュールで手配していたことがわかったから、あちらの負担で補填できたんだけれど、参加者の中には翌日仕事がある人もいたから、日本に事情説明の電話をしてもらったりして。ほんと、「ああ、やっちゃった」って感じだった。

そんなレベルの英語でよく世界へ出ていっちゃったもんだ。でもそこでたじろがない。反省はしたけど、たじろぎはしない。今でもジェスチャーだけは得意だ。英語ができないことで僕は困らないけど、相手は困ってるみたい。しゃべれなくても絶対に相手の目を見て伝えようとするから、「う、こいつ、なかなか目を逸らさせてくれない」って困惑されることはあったかもしれない。でも交渉ごとはやっぱり難しかったから、本当にいろんな人に助けられた。難しい話になるとさっぱり分からない。

たいていはジェスチャーだけで乗り切っていたけれど、言葉が分からないからピンチに陥ることもたまにあった。エクアドルのピチンチャという山に登るツアーを添乗した時、ガラパゴス島の四日間のクルーズがおまけについていた。その時、現地のガイドが学術的説明を英語でするわけなんだけど、もうまったく何言ってるか分からない。カモメも「シーガル」じゃなくて学術用語。島の生物がどの時代にこういう理由で進化してこうなってああなってって話をしているんだろうけど、まったくチンプンカンプン。でもまあ、キャラクター的になんとか許されるかなと信じて、「なんか、進化して今にいたる

キリマンジャロの帰りに立ち寄ったマサイ族の村にて。究極の異文化コミュニケーション。

みたいですよ。詳しい説明は、しません！」って言って笑いとって乗り切ってた。でも英語がネイティブの国よりそうじゃない国の方がまだいいかな。英語圏だと容赦ないスピードで襲ってくるから。それに比べるとスイス人のしゃべる英語って優しいんだよね。ホスピタリティがあって、聞き取ってあげようっていう気持ちがあるから。ネパールの人たちも、英語教育が日本と同じレベルなのか、みんな片言で単語を羅列する感じでわかりやすい。あ、でも、インドの人の英語は聞き取りが難しいかな。とにかく英語は難しい。

ツアーリーダー列伝

アトラストレックに入ってからは、ツアーリーダーとして世界中に行った。それは山岳ガイドとしての仕事というよりは、添乗員兼ハイキングトレッキング登山ガイド、といった感じだった。ロープなんかは使わない。でも、ツアーリーダーにはツアーリーダーの難しさがあって、敵も多い。自分のグループ以外に、同じようなディスティネーションのツアーグループがいっぱいあって、それらみんなで、限られた数の山小屋のベッドを取り合ったり、小屋での夕食のテーブルを取り合わなきゃならない。そういったことは現地のローカルガイドはやらないから、ツアーリーダーが自ら率先してやらないと取れない。テント場もしかり。

そこで始まるのが駆け引き合戦。「明日何時ぐらいに出ます？」って聞いて、「えっと、六時半ぐらいかなあ」って答えが返ってくると、こっそり早く起きて六時には次の目的地に出発したりしてね。とにかく出し抜く。競争が激しくて、しかも他の国の人たちとも取り合いしないといけないわけだから大変。

今だったら指名で来る方が多いから、クレームに繋がることが少ないんだけれど、その頃は会社に入ったばかりだしね。とにかくよりよい成績を残すというか、会社の印象をよくするために頑張るわけ。

ちなみに、今までで一番大変なガイドは、チベットの秘境ツアー。

カイラスっていうインダス川とミャンマー側に流れるヤルンツァンポ川の間にあるヒンズーとかイスラムとか仏教のすべての聖なる川の源になっているカイラス山というのがあって、そこはチベット密教のすべてと言われる聖地だから、山僧や巡礼者たちがその周りを片道一〇年かけて巡っていたりする。出発した時には小学校だった人が帰る時にはすっかり成人しているなんてザラ。

どうしてそんなに時間がかかるって？　それは五体投地しながら進むから。街道沿いの人々に、「あなたの分まで向こうについたらお祈りするから、一宿一飯を下さい」と言って施しを受けながら進む人生。とにかくものすごく長い道。僕らは車で行くんだけれど、砂漠みたいなところを一日五〇〇キロくらい進み、一週間かけていくんだから、まるでパリ・ダカールラリーみたいだ。総走行距離は日本の長さどころじゃない。インドから来る人の中には片道二〇年という人もいるらしい。片足でけんけんぱっぱだけで歩いている人がいたり、とにかくみんないろんな修行スタイルで進む。

驚きの連続、すごい場所なんだけど、その時点では日本人でそこまで行った人はほとんどいなくて、日本人としては僕らは三団体目だったと思う。

外国人に渡航が許されてからまずNHKの取材班が第一陣として行った。第二陣目は、アトラストレックの代表の磯野さん。

僕がまだ二〇代の頃だった。そこに到達するまでには、道なんかない。轍があるだけ。ドライバーは轍をたよりに進むんだけど、当時はGPSも地図もないから、ところどころに埋めてある石の道標を確認しながら「北京から何キロ」と書いてあると「ああ、よかった。この道であってる」ってホッとする。

更にチベット・チャンタン高原の平均的な標高が五〇〇〇mだから、仮に高山病になったとしたら、低地まで引き返すのに一週間もかかる。とはいえラサという一番低い場所だって標高三六〇〇mで富士山とほぼ変わらないわけだから、そこに到達する前に何日もかかって、肺水腫になったりして重篤な症状となってしまう。

そのツアーは夏だったから、休みを利用してくる学校の先生が多かった。あとは自動車ディーラーの会長さんで全部で四人。

自動車の轍って、明るい時はよく見えるし、夜になってもフォグランプがちゃんと付いていればわかる。でも雪が降るとよく分らない。凹凸がよくわからなくなってドライバーもミスしやすくなる。

チベット人って、何か飲み物を飲み終わると、その瓶を割る習慣があって。それらが道路に散乱している。だから、しょっちゅうパンクする。ドライバーは、一級整備士の免許を取れるぐらいの能力のある人がやってる。エンジンを分解して、砂洗ってもう一回組み立て直してっていうことができる人じゃないと、そこでのドライバーは務まらない。

限りなくインドやパキスタンに近いチベットの西の西の西の方だから、その辺りまでは漢民族の制圧が濃く浸透していなかった。

政治的には民族を押さえているんだけど、まだまだ感覚的には昔のままの風習、習慣が残っているという印象、といえばいいかな。

その時期はモンスーンの時期だからヒマラヤ自体は天気が悪い。チベットは、ヒマラヤ山脈の北側にあるので、モンスーンがインド洋から来て、ヒマラヤで湿気を落として、最後の空っ風がチベットに流れ込む。そのおかげで雨が少ないから、八月でも旅ができるというわけだ。

そうやって八月の旅を作るわけだけど、川の源になっている山には、モンスーンの影響があるわけで、そこでたくさん雪が降れば、それが溶けて、水が増えて、洪水が起きたりする。当時は川に橋がかかっていなかったので、増水すると川を渡れない恐れがある。

僕たちが乗っていたのは、日本が世界に誇る頑健な車、ランクル六〇。そして僕たち日本隊の他にイタリア隊とオーストリー隊がいて、3チームがつかず離れずで同じ行程を行っていた。彼らは産まれて初めてランクルに乗ったそうで「ジャパニーズテクノロジーはすごい」って大絶賛だった。「日本人で良かった！」って思った瞬間だった。

パジェロも評価が高かった。その他に中国製の「北京」、ロシアの「ラーダニーバ」もあったけど、とにかく弱っちい。

そんなスーパーカーに乗って旅をするわけだけど、道中、少なからず雨の影響を受けた。

ヤルツァンポーという川に南下する南方ルートがあるというのを聞いた。ここを降りれば、行きにオーバーした行程を短縮して、ネパールに近づける。よし、それじゃあ外国人として初めて南方ルートに行ってみようじゃないかということになった。

「現場力」いや「現場でなんとかなっちゃう力」発揮

お客様も同意をせざるを得なかったんだと思う。そのルートじゃないと、もはや帰国の飛行機に間に合わないような状況だった。

するとイタリア隊も「だったら俺たちもそっちへ行く」って乗っかってきた。

まずは日本隊が行く、んだけど、多摩川の下流ぐらいの川幅で一〇〇m以上はあったか。そこにジープで突進していくんだけど、ボディが浮いて見事に流された。なんとか川底にあった石にタイヤがひっかかってスタック。しかし一気に車内に水が入って来た。

水流は白濁するような激流ではなかったけど、滔々とながれていた。

一台目が、向こう岸にたどり着く二〇mぐらい手前で止まった。そこはそんなに深くないから、お客さんたちは車から降りて対岸まで歩いて行った。そして、自分が乗った二台目のランクルはなんと水没。

水が入ってきたから、「窓あけてー！」って叫んで、車の屋根の上にみんなを登らせた。その時点で完全にスタック。その後燃料を積んでいるトラックが「助けるぞー」って言って入ってきたんだけど、これがまたスタック。最悪の状況だ。

僕らのランクルからは岸までの距離は遠くて、泳ぐと危険だということになった。泳げない人も中にいたから。今考えると学校の先生なのに泳げないってなんだって思うんだけどまあそう言うもんだから。

実際、ダウンを着てるぐらいの寒さだったし、ライフジャケットもないから、泳いでいくわけにもいかなかったと思う。

ランクルは川の流れでボディが揺れていて、いつ流され始めるか一触即発な状態だったので、とにかく近くにスタックしているトラックの方へ移ろうってことになって、ロープを投げて、あっちとこっちとでロープを渡した。カラビナをかけて、ランクルの荷物を移して、僕が水に飛び込んでお客さんを抱え、ロープに捕まりながら、トラックに移動させる。ダウンジャケットでぷかぷか浮くから安心だけどびちょびちょ。トラックの上で着替える頃にはもう暗くなり始めていたから、荷台のガソリンの入ったドラム缶の上で一泊した。

夕焼け空だったけど、きれいだと思った記憶がないから、きっとそんなにきれいじゃなかったんだろうな。それともパニックだったのか。とにかく流れる水の記憶しかない。

上流の方で雷が光っていた。つまり雨が降ってるのだ。そうなると夜のうちにこちらの方の水かさが増すことが考えられた。そう思うと夜もなかなか眠れなかった。

明け方までなんとか大丈夫だったけど、川の水はトラックの荷台の中まで浸水していた。起きたら即行動開始。僕たちの方にまとめて食糧があったから、すでに対岸にたどり着いていた人は、夕食も朝食もなしで待ちぼうけだったのだ。

とにかく早くと思いながらも、車を対岸までたどり着かせるためには、岸から車を引っ張るための長い長いロープがいる。持ち合わせのワイヤーロープでは短かかった。

とりあえず僕が泳いで対岸に渡って、ロープの調達に走った。

対岸には、すでに二、三人のやじ馬チベット人が来ていた。

そこから下流に六キロぐらい行ったところに小さな村があったから、そこの村人であろう人たちに何か長いロープはないかとたずね歩いたら、ヤクの毛糸で編んだロープしかないと言う。一〇〇mぐらいは必要だから、何本も何本も結んでとりあえず戻った。

そのロープに掴まって、なんとか人間は救助。しかしトラックとジープはそのまま放置。とにかくその日のうちにできることを考えようということになって、ちょっと下の村に助けを求めた。たくさんの人にお願いして、対岸に一番近いランクルだけでもなんとか引き上げようとしたんだけど、ヤクの毛ロープだからもろくて簡単に切れるから、とりあえず食糧だけでも引き上げることにした。

水がないから、まっ茶色の川の水をタオルで濾して、ジャリや砂を敷き、最後にガーゼを敷いて濾過器を作った。もちろん真水にはならないんだけど、なんとか沸かせば飲めるぐらいにはなった。

そこはとにかく蚊がぶんぶん飛んでて、全身さされまくったことをよく覚えている。

そうこうしているうちに、日本隊が失敗したのを見ていたイタリア隊が動いた。やつら、僕らが突っ込んだのを見てやばいと思ったらしく、川は渡らずそのまま一〇〇キロぐらい上流に移動して、川幅が狭いところでなんとか渡り、なんと、翌日に僕らを助けに戻って来てくれたんだ。

現れた時は本当にびっくりした。感激した。嬉しかった。

彼らは短いワイヤーロープを持っていたから、ジョイントして一番近くにある一号車だけは引き上げてもらうことにした。

一人のドライバーには、下の村に助けを呼びに行ってもらったけど、後の二人のドライバーは残すことにした。

車のそばにいて見張っておいてもらわないと水がひいた時にいろいろ盗られちゃうから。

引き上げたランクルは、ドライバーがエンジンから何からすべてばらして、水や砂やジャリをはらい、また組み立てなおした。すると……動いた。すごい技術。

そこまで助けてくれた後、イタリア隊は南方ルートで先に行ってしまった。

僕らはそこに一泊。さあこの後どうする。

ランクルには、今までは五人で乗ってたんだけど、ドライバーと現地ガイド一人、お客さん六人と僕で九人。これ以上乗っけられないから荷物も置いていくしかない。命にかかわるものだけ厳選して持っていきましょうということになって、パスポートと寝袋、それから少しの食糧を積み込んだ。食糧はこれから町があるからなんとかなる。だから本当に必要最低限におさえた。大きなリュックやスーツケース、余計な着替えなど全て河岸に置き去りにするしかなかった。そして、トラックともう一台のランクルのドライバーも置き去りにするしかなかった。彼らとガッチリ握手をし、抱き合って、僕たちは旅立った。

ネパールとの国境に向かっての長旅になるため、夜中に起きて真っ暗な中を出発。しかし走っていたら雷が来た。そして今度は運悪く雪。今までは轍を頼りに走ってたけど、雪がその轍を隠してしまう。何も見えないのでスローペース。車は何かをよけているのか、右に左に大きく揺れる。

それでも少しずつ進んでいったんだけど、突然「ガツン」という下から突き上げられるような衝撃が。結局岩にぶつかってしまったのだ。

ふと前方に目をやると、車のヘッドライトの先にタイヤがころんころんと転がっていくのが見えた。なんとタイヤの車軸が折れてしまったのだ。重量オーバーもあったんだと思う。絶望的な状況の中で、その日はそこでストップして、体育座りの体勢で朝を待った。

翌朝起きると、リュックサックに更に厳選した荷物を詰めて、七キロほど先にある町を歩いて目指す。ドライバーはやはりランクルの場所に残った。

川もあったので、靴を脱いで裸足になって渡り、なんとか町にたどり着いた。その日僕たちは人民招待所という長屋みたいな宿に泊めてもらい、ご飯を提供してもらった。

この町で別の車を探さなければならなかったけど、ネパールの国境まで行ってくれる車は探してもなかなか見つけられなかった。

みんな足元を見て、高い金額をふっかけてくるもんだから、ガイドも交渉に慎重になってたみたいだった。そんな中、「隣の村までならいいよ」という人が見つかった。今度はいわゆるピックアップトラックだから、みんなで荷台に乗る。しかもフルオープン。荷台での移動中、一番風の抵抗がないのは寝っころがることだから、みんなで冷たい風をよけるために横になった。

そんな感じでトラックを二台乗り継いで、とうとう、僕もよく知っているラズーという村にたどり着いた。

そこまで来ると、ヤルツァンポー川は大河になっているから、とてもじゃないけど車では渡れない。車をフェリーボートに積んで渡る。

でもなんとかそこまではたどり着いたのだ。なんとかたどり着いた。

「おー！　まだ飛行機間に合うんじゃない？」

歓喜の叫び。「よかったね」「よかったよかった」って言い合っていた矢先に、川が増水してて船が出ないという知らせが入る。笑顔が一瞬にしてこわばった。「何日待たなきゃだめ？」「二〇日間ぐらいかな？」「は？」耳を疑った。二〇日とは！

一同がっくり。もうそこまできたら、お客さんたちも怒るどころか「どうにでもなれ」っていう変なテンションになってきて、「次は何が起こるんですかねえ」ってワクワクし始めたんだから不思議だ。「次の課題はなんだ？　試練はなんだ？」。もうなんていうか、実写版ロールプレイングゲーム。なんとかアドベンチャーっていう映画が、ここまでの話だけで一本できそうだ。

更なる試練。まさに映画を地で行く展開は続く。

さて、そこからまたまた情報収集。聞き込み調査を開始。すると下流に三八キロほど行くと吊り橋があるらしいのだが、トラックでは行けないということが分かった。途中は道がぐちょぐちょで、道が狭くてトラックが通れるようなところじゃないから歩いていくしかないらしい。

トラックのドライバーは、ぎりぎりの所まで来てくれたけど、そこでお別れ。てくてくと峠を越えて、山越えて、もう一回峠があって山を下りて。随分歩いた後、やっと広大な畑と村が見えてきた。

その村で「何か乗り物ないか聞いてくれないか？」ってお願いして聞いてもらったんだけど、どこへ行っても「メイヨ」。中国語で「メイヨ」は「ないよ」なんだけど、ネーヨに聞こえて、「もう、ねえよじゃねえよって」ってやけになりそうな頃、遠くから「タンタンタンタン」というエンジンの音が近づいてきて、トラクターが現れた。

「とにかくそれをゲットだ！」状況的にそのトラクターは、ピカピカ光るフェラーリに見えた。ドロドロの道はもう過ぎていたし、その辺りにはそこそこのあぜ道があったから「ありがたい」って素直に思えた。

そのトラクターを「ドライバーつきでいくら」という交渉をする。お客様は最高齢の人は七〇歳だったからとにかくなんとか車に乗せてあげたい。「吊り橋まで行って欲しい」と交渉して、町まで行ってもらうような契約を結んだ。

トラクターを雇い、後ろにタイヤのついた四角い荷台を付け、そこに人が乗るようにしてもらった。

そしてスタート。爽やかな風とチベットの太陽に照らされて、頭の中では喜太郎の音楽が鳴ってそうな。しかしカーブにさしかかった所で、運転ミスでトラクターが川に落ちた。もうほんと、嘘みたいな話。

トラクターというのは、ギアーでスピードが決まっていて、アクセルがないから、スローダウンができない。

そのスピードのままカーブをスピードダウンしないで曲がったら、後ろが重いから曲がりきれないで、そのまま落ちちゃった。まあ荷台も牽引してるし、いつもと勝手が違うのはわかるんだけど。

落ちた瞬間ものすごい悲鳴。けたたましい声が聞こえたので、僕が「大丈夫?!」ってすぐさま点呼。「誰だれさん」「はい」「誰だれさん」「いるよ」って順番にやっていったら、不思議なことにみんなぴんぴんしてる。おかしいぞ、と思い調べてみると、なんと一緒に積んでいた土嚢の中に入ってた鶏の鳴き声だったことがわかった。もう脱力。

さて、落っこちたトラクターを引き上げないとと思っていると、周りに人なんていなかったはずなのに、何キロも先からも見えるのか、数分のうちにいろんな人が周りに集まってきた。助けに来てくれた人もいるけど野次馬もびっしり一〇〇人はいた。まあ、おかげでたくさんの人に重いトラクターを引き上げてもらえて、仕切り直しができたんだけど。

ハプニングはそう簡単には終わらない。吊り橋までやっとたどり着いた時、トラクターがまたまた減速しないで、吊り橋に突っ込んだ。

突入する前、「ちょっと待てー」って叫びながら僕は飛び降りたんだけど、そのまままみんなを乗せたトラクターは、減速しないで吊り橋を渡りきっちゃった。

本当は、トラクターが渡れるような吊り橋じゃないんだけどね。

「ああ、行っちゃったあ」僕はもう膝がくーん。でもそれで見事、ヤルツァンポー川を渡りきった。

川を渡った後は、もうみんな大喜びで、ウィニングラン。「今度こそやったー」って。

そこでトラクターとはお別れ。うちのローカルガイドが、ネパールとの国境の町ザンムーっていう町まで行ってくれるトラックを見つけ出してくれた。それに乗っかって、やっと予定通りの日付でネパールの国境まで来た。

中国の国境では、「お前らなんで荷物持ってないんだ」って言われた。山用の下着の上下で僕なんかモジモジくんみたいな格好で怪しいことこの上ない。その後水に濡れて波打ってるパスポートを見せたら「色々あったんだな」って。

モンスーンの時期で道がずたずたで、車はもう無理だったから、国境の山道を歩いて渡って、やっとネパールのスタッフに会えた。

スタッフに会うなり、「わあ、よかった。実は大変だったんだよお」って言ったんだけど、それに対する返事を聞いてまたびっくり。

「そうですか。実はここからも大変なんですよ」

ぎょっとして理由を聞くと、「いや、実はここからの道が壊れていて道路が寸断されているので、車では行けません。歩いて一つ山を越えないとだめなんですよ」って。

どこまで行っても試練。いつになったら終わるんだと思ったけれど、気をとり直してそこから半日トレッキング。山を登って下りて、やっと一日が終わった頃に車が迎えに来ていて、そこからカトマンズへは車で移動することができた。

いざカトマンズに着いてみると、そこは今までと打って変わって非常に暑く、みんな下着の上下に短パンというスタイルのまんまで、まるで勝利した勇者のような気分で歩いていた。スタートをした時から、実に二八日経っていた。

振り返ってみると、まさに怒涛の日々。「カイラス巡礼」と

トラックを乗り継いで、着の身着のままで到着したネパールとの国境、ザンムー。

いうツアーだった。確かに巡礼をした。荒行だった。

実際にカイラスだってしっかり行った。五六〇〇mの峠を一旦越えて、途中呼吸困難になったことだった。ただ、一つ心配だったことは、七〇歳の最高齢の方が、カイラスを一周したのだ。ただ、一つ心配だったことは、七〇歳の最高齢の方が、途中呼吸困難になったことだった。ガモウバッグ、正式名称を携帯型高圧式チャンバーっていうのを持ち歩いていたので、彼をその中に入れて、空気を送り込んで圧縮し、そのバッグをパンパンにする。ポンピングしている間だけは、常に空気が送り込まれるしくみになっているから、その中だけは、標高二五〇〇mぐらいの環境を作ることができるのだ。

峠では誰かしらなるだろうと思っていたけど、案の定一番ご高齢の方が高山病になってしまった。持っている道具や酸素を駆使することで回復して本当によかった。その後は前述の通りものすごく過酷な旅になったんだけど、しっかりと連いてきて下さった。

水上さんっておっしゃるその方はとても人格者。ヨガや瞑想が好きで、いろんな宗教にも興味があって。登山愛好家は別として、だいたい学校の先生以外でチベットやネパールにいらっしゃる方って宗教に興味がある人が多いんだけど、その方も歴史の本や宗教の本をよく読んでいらっしゃる方だった。

カイラスはほぼ車でまわることができる。ただ、一周だけは歩かないと楽しめなくて、最初は「僕みんなが一周して帰ってくるまで待ってます」って言ってたんだけど、意外と調子がいいからちょっと行ってみるということになり。そしたら途中でそんな風になっちゃったから本当に心配した。

その旅の後もずーっと僕のこと「命の恩人」って言い続けて下さった。数年前に亡くなってしまわれて、本当に残念。

実はこの冒険の旅には後日談があって。

川の中に捨てて来た荷物が、なんと半年後に見つかった。ザンムー経由でネパールのカトマンズに届いたっていう知らせがある日届き、その年末からのネパール行きのツアーでそれを引き取って、お客様にお戻しした。なんともうまくできた話だ。

ちなみに僕は「現場でやってのける力がありますね」とか「なんとかなっちゃうパワーがありますね」ってよく言われる。

トラブルがあると、とにかく強く言ったもん勝ちという国の場合はそう出るとか、なんとなくその現場現場での乗り切り方を心得ているのかもしれない。

例えばパキスタンだと袖の下をうまく使うといいとか。飛行機に乗るためにずらーっと並んでる時でも、ちょいちょいちょいちょいと係官をよんで袖の下を渡すと「おい、お前ら百人までなら抜かしていいぞ」だって。国によってほんっとにやり方が違うんだけれど。

キリマンジャロでも、面白い経験をした。お客様が高山病になったので、二人いる添乗員のうち一人の添乗員に他のみんなを託して僕だけ残った。数日入院してやっと治って、東京へ帰るためには現地で発券される片道チケットを買うしかない。当時僕らが乗って来ていたエアインディアに問い合わせると、ファーストクラスしか残ってないと言われ、東京に相談の電話を入れたら「二〇万ぐらいだったらまあそんなには高くないから、いいんじゃない？」ということで、現地の銀行へ行ってお金をおろしたら、ケニアシリングでとんでもない枚数の札を渡された。もうてんこもり。ちょうどリュックを持ってたからそれに詰めたんだけど、自分でも銀行強盗にしか見えなかった。

そんなエピソードがごろごろしている。

だって、だいたいガイドの僕が初めて訪れるっていう所ばかり行っていたわけだからね。秘境ばっかり。そのほとんどが「世界初」っていうルートばかりだから僕が初めてに決まってるわけで。

今でも会社のやつらに「近藤さんは、現場でどうにかなっちゃう力、世界一ですよね」とか「『どうにかなっちゃうゴールドカード』下さい」って言われる。「なんか持ってますね」とかね。そうなのかなあ。自分ではよく分からないけど。

10 高所登山ビジネス

——アドベンチャーガイズの誕生

「好きな仕事」に「意義」が加わったある出来事

そんな風にツアービジネスの経験を積んだ後、少しずつ高所登山の仕事もするようになっていた。

高所登山ビジネスを始めた頃の印象的な出来事がある。僕がお客様を山へ連れて行った時のビデオというのがいくつかあるんだけれど、その中のエクアドルのコトパクシという国立公園の入口の博物館でのビデオを目にしたことがきっかけで交流が始まったのが、伊藤伴君。その博物館に山のジオラマが置いてあって、参加したお客様から「今回はどのルートで登るんですか?」って聞かれたから、「じゃあ、僕がお見せしましょう」って言って、ヘリコプターからの空撮のまねして「バタバタバタ、バルバルバル」って音出しながら、ジオラマの上からルートを舐めるようにして紹介している様子が映っているんだけど、その映像を見た当時小学四年生だった伴君が「僕この人に会いたい。けんけんに会いたい」って言ったらしくて。

彼はハッとするぐらい美しくて女の子みたいにきれいな顔をした小学生で、光源氏が現存してたらこんな感じなのかもと、初めて会った時思った。当時彼は、色々とあって「学校つまんない」って言って小学校に行きたくない時期があったんだけど、それを心配した担任の先生が、僕の映像を見せて引き合わせたのだ。それがきっかけで彼の生活が変わったんだから、そう考えると、その担任の先生のファインプレーってすごい。AGの机上講座とかにも参加してくれてたけど、実際に彼と一緒に初めて行ったのは、箱根の乙女峠からの縦走路。わずか一時間ぐらいの短いルートだったんだけど、すぐに「ねえ、まだ〜?」とか言っちゃって、けっこうだらしなかった。

でもその後、植村さんや野口健の本とかも読んで「僕も富士山に登ってみたい。日本で一番高い山に登ってみたい」ってはまり始めたらしく、ご両親も登山なんてやったことないのに、家族で一緒に始めることにした。そして苗場の紅葉のツアーにも家族で参加。泣けるのは、三つ下の妹が一緒に歩くんだけど、その子にとってはかなりきついルートなのに「私が登らなかったらお兄ちゃん登れないから頑張る」って泣きながら歩くんだそうで。妹さんもお母さんいわくすごく内向的な子で、人と仲良くすることが苦手な子だったみたいなんだけど。

小学校生活がつまらないと言ってたバン。中学の時にたった一人でフランス・シャモニーまで来た。

僕にとって、この家族との出会いはとても大きかった。僕はこんなことで、つまり山岳ガイドをしているということで、人助けができるとは思っていなかった。ただ山に登るお手伝いをするだけじゃなくて、安全管理しながら、命を守りながら上へ案内することだけじゃなくて、学校に行きたくないと思ってる子の人生を変えたり、救うこともできるなんていうことは想像もしていなかった。自分にも娘が二人いるけれど、山で大きな影響を与えられたとは思えなかった。もちろん山にも連れていっていたし、アウトドアの経験もたくさんさせていたんだけど、長女が二〇歳になった時にこんなカミングアウトをされた。「パパ、今までありがとう。でもね。実は私、山とかにあんまり興味がないのよね」って。かなりショックだったけど、しょうがないよね。だから、子どもが山で考え方が変わったっていう場面には残念ながらそれまで一度も出会ったことがなかったものだから、伴君によって、僕の存在意義みたいなものを感じられたっていうのもある。

実は最初は「この子、ちょっと興味を持ってるだけかなあ」って思ってた。元気になるきっかけができたらそれで終わるのかな、なんて。ところがある時会社に来て見せてくれたのが、高度計がついた時計。「山用の時計買ったんです」って。

彼の通う学校は、学区が広いから友達んちに遊びに行く時にバスや電車を使う場合がある。他の友達は電車に乗ったりバスに乗ったりするんだけど、伴だけはその分のお金を貯めるために自転車で行く。

そうやって貯めたお金とお年玉を合わせて時計を買ったんだそうだ。お年玉なんてゲームを買うのに使いたい年頃なのに。

だからその気持ちに応えたくて、その時計につけるプロテクターをプレゼントした。「大事にしなよ～」って。

それからも伊藤家は登山を続けていたみたいだ。毎回僕と行くとお金がかかっちゃうから、ガイドをつけないで登れる山に行きなよ～って薦めていたこともあって、家族だけで富士山に何度かチャレンジしていた時期があった。

第一回目は途中で泣いて、降りてきていた。

「今回も行ったんだけど、だめだったんですよ」という報告を聞いていた。

お母さんがまたかわいい人でね。うちが遠征隊で行っている時はお弁当を作って事務所に差し入れに来てくれたり。うちのツアーで事故が起きて落胆していた時にお母さんが泣いて事務所に現れて、号泣してたみたいで。

うちの岩登りなんかの体験会に誘うと、スイカ割り用のスイカを差し入れしてくれたり、いつもいろいろ考えてくれる。

エベレスト登頂した時は、「エベレスト登頂おめでとう!」っていう垂れ幕が入ったくす玉を作ってきてくれたことも。焼きそばを入れるような透明パックをくす玉に見立てたりして、すごくクリエイティブ。妹もいつも折り紙を折ったり絵を描いてくれたりして。もう事務所ぐるみ、家族ぐるみでの付き合いになっている。

で、その富士登山。二回目でやっと登れた。妹も一緒に。報告を聞いて、ほんっとに嬉しかった。

伴君は、それからみるみる成長し、今や高校三年。身長も一八〇センチを越え、すっかり大きくなって外国の山にも挑戦している。

伴君初の海外登山はモンブラン。中学一年の時に「けんけんにお願いしてどうしても登りたい」って親に懇願したみたいで、雪の立山でトレーニングした。

それまで伴君は一度も海外に行ったことがなかったんだけど、おじいちゃんが、「そうか。じゃあ、大人の付き添いなしで、お前一人でヨーロッパに行くんだったらお金出してやる」ってスポンサーになってくれたらしい。

僕がガイドになるといっても、その時僕はすでにシャモニーにいたから、伴君はたった一人で飛行機に乗ってシャモニーまでやってきた。中学生が。すごいよねえ。

それでモンブランを一緒に登った。そこをその年で登るのは最年少記録ではなかったらしくて、そんなのどうでもいいって僕は言ってるんだけど、「その記録、僕が縮められるかなあ」って、登る前それもちょっと気にしてて。

彼はもともと体が弱くてひょろひょろ。お父さんがギタリストでロック大好きだから、その影響もあって「好きな歌手は?」と聞くと「レッドホットチリペッパーズです」なんて答える。

小学生でレッチリ好きで、お父さんとフジロック行くのを楽しみにしているような、いわゆるカルチャーっ子。つまりインドア派だったんだけど、僕と出会ってアウトドアの世界に来た。

これからどうするのかなあって様子見てたら、中学に入って陸上部に入った。「僕は運動神経がないから何やっても才能がない。でもとにかくひたすら走ります」って言って長距離の選手になった。そうすれば山にも繋がるから。

高校に入ったらやっと山岳部があって、迷わず入った。

そこでめでたしめでたしで終わるところが彼の場合はそうじゃない。ある日事務所にやってきて、「けんけん。俺、高校のうちに六〇〇〇m、登りたい」だって。僕も気軽に「あぁ、いいよぉ。一緒に登ろうぜえ」なんて言っちゃって。それで高三の四月五月、学校を休んで実現。学校も応援してくれ、見事にロブチェピークに登頂した。

伴君の人生設計については、僕も今とても気にしているところ。

お母さんとしては、大学に行く選択肢も考えてあげたい。とはいえお母さんの意思はそれほど強烈ではなく、伴君のためにどうしたらいいかを一番に考えている。

モンブランの登頂が成功して、その記事が朝日新聞にカラーで載った。「おお」〜」と感激して記事を読むと、「将来の夢は山岳ガイドになる事です」と書かれていて、じわ〜っときてしまった。「エベレスト、高校生のうちに登っちゃいなよ」って言ってる人もたくさんいるんだけど、大学に行っていろんな世界を見てから、登山ガイドになるための専門学校に行くとか色々道はあるから。

僕自身は、「二〇一四年はエベレスト行かないから」って宣言していたこともあり、今のところ伴君としては二〇一五年を目指してるみたいだ。僕と行きたい気持ちもあるみたい。ずっと一緒にいて、僕のかっこ悪いところいっぱい見てるはずなんだけど、それも含めて「けんけん、かっけー!」「エベレストとか登るの、まじありえないんだけどぉー」って言ってくれる。

彼は今もへたれなところがあって、登ってる途中で「え〜。まだ〜?」とか「まじー。あとどんくらいー?」とか、今時の言葉遣いで不平たらたらでなんだか笑っちゃうんだけど、かわいくてみんなからすごく好かれている。更に輝いて、光源氏力を高めて欲しい。

高校生野口健

高校生で高所登山に挑戦し、有名になったのが野口健だ。

立教のロンドン校にいる頃にキリマンジャロにガイドしたんだけど、高所に弱くて、ゲロゲロしながらやっとの思いで登頂した。

彼が高校生で七大陸峰に登ることを思いついた時、身近にいた登山系の人は岩崎元郎さんしかいなかった。ただ岩崎さんは国内のハイキング系の方だったから、海外の高い山へのガイドとなると……そんな時に僕を紹介され、頼ってきたのが出会いだった。

でも残念ながらその頃の僕は「俺は無理だよ」ってお断りせざるを得なかった。もちろん高所登山ガイドは憧れだったんだけど、目の前の壁があまりにも高すぎて、助走もできない状態。どうやって仕事の都合をつけるか、家族を説得するかっていうことも含めてね。

それでもうとにかく大蔵さんに頼むしかなくて、「大蔵さん、ごめん。ちょっと野口と一緒にエベレスト行ってきて」ってお願いして。

第一回目は大蔵さんと野口だけで隊を作ったんだけど、あいつ全然ダメで。第二回目はラッセルのところに参加して、大蔵さんも隊員として一緒に参加。でもまたこれも七〇〇

○mぐらいで断念して。
まあ、へたれキャラ的には成功して応援者もたくさん出てきたんだけど、三回目はとうとうお金がなくなっちゃって大蔵さんの分が出ない。それでやつは一人でラッセルの公募隊に参加して、三回目でようやく登頂したというわけ。

だから健は今でも、大蔵さんと僕には感謝してるって言ってくれるんだよね。

野口は途中から応援してくれる人も増えて、スポンサーをつけた。だから、「あいつは人の金で登ったんだろ」って言われたりもしたんだけど、それは誰がやってもうまくいくことではなく、健に魅力があったから、スポンサーがついたわけだから。

その頃ちょうど僕はセイコーで登山用の時計づくりのアドバイスをしてたんだけど、同じ時期に健がセイコーに殴り込みをかけてきて、「野口さんって人が来ているんだけど」ってセイコー側に言われた時、「ああ、あいつのことお願いしますね」って。企業からお金をもらうってどれだけ大変なことか。まず情熱が相手に伝わらなきゃだめ。あいつは目の輝きが違ったんだと思う。だからみんながお金を出そうと思った。こいつにかけてみようと思った。

登るお金がない……その時、それぞれの選択

まあ、そういう野口みたいなのもいれば、おんなじ時期に壁にぶちあたった山田公史郎っていう若者もいて。

この二人、ちょっと好対照で面白いなと思った。

「エベレスト、お金かかるよなあ。お金ないよなあ」。そんな時、彼がどうしたかというと、「じゃあ、貯まるまで働く」という発想になった。そして、エベレストに行くために一〇年かけて六〇〇万円貯めた。

同じ時期、二五歳ぐらいの時にエベレストに登りたいと思った二人が、一人は「じゃあ、スポンサーを探そう」と思い、一人は「じゃあ、働こう」と思い会社に入った。

公史郎は一人黙々と働き続け、一〇年後、お金を握りしめて僕のところに来てこう言った。

「いやあ、こういう会社ができて本当にありがたいです。僕が最初に登りたいと思った時はこんな会社がなかった。海外の会社しかなかったから」って。

彼は二五歳までに雪山登山をマスターして、マッキンリーを含む五大陸峰を完登してい

た。

僕は彼が握りしめてきたお金の額を知ってしまった。どうやって手に入れたお金かも知ってしまった。だから、いつもなら「エベレスト登るなら、高所順応のために別の八〇〇〇mを登って下さい」と言うところを彼にはそれが言えなかった。

もちろん「事前に八〇〇〇mに登らないと連れていかない」なんていうルールは正式には設けていなかったんだけど、僕の心の中では是非そうして欲しいという思いがあるので、他の方にはそうしてもらっていた。

というのも、自分自身がチョモランマに登る前にチョー・オユーがあったことで、本当に救われたっていう思いがあるから。本当にそれを身を持って感じたから。そしてそれは、絶対に安全にも繋がる。

もともと僕がチョー・オユーで公募登山した時には、まさかその後エベレストにガイドしに行くとは思わずに、ただただ「八〇〇〇mやってみたい」という思いで行ったわけだけど、そのお蔭でしっかりと高所登山の考えができて、その後のチョモランマに繋がった。しかもチョー・オユーでは、世界の数ある遠征隊の中で、その年の初登頂をしたわけだから。

ラッセル・ブライスがわざわざ来て握手をしながら「サンキュー。先に立ってルート工作してくれてありがとう」って言ってくれて、すごく光栄だった。

ラッセル隊はすごく紳士的だった。山頂でも離れた所で写真撮っていたから、「なーんでそんなところで写真撮ってるんだよ。こっちおいでよ」っていうと、「いやいや」って遠慮する。「いや、来いよ」って言って結局一緒に写真撮ったんだけど。

彼らはルート工作を行った隊に対して敬意を表していたんだと思う。AG隊が山頂にいるうちは、そこに入り込まないようにしていた。

そんなワケで、高所順応の必要性をひしひしと感じていた僕だったけれど、コツコツとお金を貯めて、誰に言うでもなくひっそりと、でも自分の中にメラメラと燃える炎を秘めた青年に、「別の八〇〇〇m、登ってきてよ」ってどうしても言えなかった。

まあ彼は若かったし、マッキンリーや五大陸峰を自力で登ってきたわけだから、それほどリスクはないかなあと踏んでね。二〇〇六年、公史郎もチョモランマに登頂し、その後七年働いてヴィンソンマシフに登頂し、二〇一三年、念願のセブンサミッターになった。

さあ、伊藤伴はどっちのタイプになるか……。注目だね。

AGって？

実はニュージーランドにアルパインガイズというのがあって「AG」と呼ばれていた。

ゴードンとケビンの二人で始めたんだけど、めっちゃかっこいい。

ケビンの奥さんが日本人で子どもの名前がケンジ。

マウントクック国立公園の中にぽつんとオフィスがあって、メンバーのほとんどが国際山岳ガイド。そこで働きたいがために、スイスとかからガイドがやってくる。

「かっちょええなあ。AG」って思ってた。

会社の名前を考える時、「俺たちも、やっぱAGがいいよな」っていうノリで、省略したらAGになるような名前をイメージしていった。

だからアドベンチャーガイズ。

そこまで考えてつけた名前なのに、当初は全然定着しなくて、「アドガイ」とか「アドベ

北アルプス立山連峰にて。
バックカントリースキーツアーのゲストたちと。

ン」って呼ぶ人がいて。

「いやいや、のり弁じゃないんだから。ＡＧって呼んで下さい。その方がかっこいいから」って何度も訂正してやっと。

キャッチで使っている「冒険案内人」は、パートナーの古谷君がこだわりを持っていたからつけたんだけど、風俗街で「案内人」って書いてある看板を見かけてからは「あちゃ～。こういうところにも使われるのか。なんか、『どんなところに連れていってくれるのかなあ～？』とか言って茶化されそうだなあ」って、ちょっと使うのにためらいが出てきている。

スイスでも友人のガイドが「アドベンチャーガイズ？　おお、デンジャラスガイド！」なんて茶化したりするけど、なかなか気に入ってますよ。「アドベンチャーガイズ」「ＡＧ」。

登頂者が語る「近藤謙司」像❸

高橋和夫さん

（二〇一三年二月一三日取材）

近藤謙司のガイドとしての資質

　登山技術でいえば彼程度の人はその辺にごろごろいます。ただ近藤謙司は、八〇〇〇m級の山へ行くと断然強い。一流の山岳ガイドに変貌します。

　近藤さんのガイドで私が連れて行ってもらったのは主に高所と呼ばれるところが多かったので、そういう所でのガイド力をまざまざと見せつけられてきました。

　高所登山には、二泊三日といった行程はなく、少なくとも一週間二週間、ヒマラヤなどの八〇〇〇m級の山へ行くと月単位の行程になります。

　そして、そういうところへ行こうとするクライアントは、準備段階も含めてすごく時間をかけていて、モチベーション

はすごいものを持っている。人並はずれたモチベーションを持っていないとそんなところへ行こうとは思わない。ただ、長くなれば長くなるほど、条件も過酷になってくるので、どうしても最初と同じモチベーションが保てなくなる。途中でぽきっといく可能性があがるわけです。私もそうでした。

一番最初に八〇〇〇mの山に連れていってくれたのは大蔵さん。その頃は私もサラリーマンをやってたんですが、実際山をやり始めると、お務めは難しくなってくるんです。目的のヒマラヤの八〇〇〇m峰に行くまでに、高所に順応するためにアンデスの六〇〇〇m峰に行かなければならない。そしてようやく目的のヒマラヤ八〇〇〇m峰、そして私の場合は帰ってきてすぐにホノルルマラソンにも出ないといけない（笑）。

そんなわけである日上司に「有給をくれとはいわないです。欠勤扱いでもいいので、なんとか休ませてもらえませんか？」と懇願しました。その方も登山好きなので「いやあ、高橋さん。気持ちはわかるけど」とは言ってくれたんですが、やっぱりダメで。仕方がないから会社を辞めました。そんな思いまでして行った八〇〇〇mですから、やる気に満ちているわけです。

ただ、上部キャンプ、一、二、三と駒を進めていく中で、確かキャンプ一だったかな。天候が悪くものすごく長い間閉じ込められましてね。

持っていける荷物をできるだけ減らし、テントなんかもゆったりとしたスペースで、というのが理想だけど、実際には狭いスペースでぎゅうぎゅう詰め。閉じ込められてまったく動けず、三人用のテントで二日、あるいは三日間じっとしているうちに、どんどん自分の気持ちが萎えていくのがわかるんです。

テントの中ではやることがそうないから色々なことを考え始める。しまいには「大義名分を傷つけない形で、なんとか下山できないものか」という思考になってくるわけです。

励ましのお便りなんてもらってコピーして持っていく。それを読むと精神的に違うんだけれど、多かれ少なかれ、誰でもちょっとネガティブな思考が顔を出してくる。

そんな時に、いかにモチベーションを立て直してくれるか、作り直してくれるか、それが超一流のガイドと呼べるかどうかの分かれ道ですよ。アイゼンワークの仕方ですとか、ロープワークなんて誰でも教えられるんですけど、その人の折れたモチベーションを立て直すことができる人ってそうそういないから。そういう意味では、近藤謙司はピカ一ですね。精神面が違うんです。

「いっぺんでいいから」

近藤さんと会ったのは、高所登山の説

明会で、他のガイドさんの説明を何回か聞いた後でした。

カラパタールというエベレストが一番よく見える山に一緒に行こうと思ったのが最初だったかな。二、三週間ぐらいのツアーで、その時は近藤さんはまだサラリーマンとしてアトラストレックにいました。

説明会に行った時、「じゃあ今度の旅にお連れするガイドを紹介します」って言われて出てきたのが近藤謙司。確か彼が二七歳ぐらいだったと思います。

楽しかったけれど、特に高所登山にハマることもなかったんですが、しばらくして、キリマンジャロの旅企画を知り、「一生に一度でいいからキリマンジャロに登ってみたいな」って思って申し込んだら、その時のガイドもたまたま近藤さんだった。

そしてその時も特に「山が好き」という感慨はないまま帰国。どっぷり山にハマる感覚がなかったので、ランニングシューズを履いて行ったぐらい。

ただ、マラソンもやるし山もやるっていう知人に「フルマラソン走れるぐらいの体力じゃ、山なんて登れないよ」って言われて、あの山の時は結構トレーニングしましたね。一日一〇〇〇回スクワットをしてました。

結果として、マラソンや諸々のトレーニングをしていたことはかなり役に立ちました。

山岳会に所属する人やしっかりと装備をしてきた人がたくさん来ていて、「大丈夫？　高橋さん。そんなマラソンのかっこして。これ貸してあげようか？」なんて声かけてもらいながらも、僕がチームの中で一番元気でしたよ。

それまで近藤さんは「自分が一番強い」って思っていたはずだけど、そこで少しは私のことが印象に残ったんじゃないかな。「あれ、こいつ何者？」って。

その後、「一生にいっぺんでいいからヨーロッパアルプス登ってみたいな」って思ってアルプスの四〇〇〇m峰に連れていってもらいました。でもその後はほとんど近藤さんと会うこともなかった。

また近藤さんに会おうと思ったのは一九九八年。近藤さんが独立したと知ったから。当時私も自分たちで会社を作ってやってましたから、自分たちで自分たちの城を作って、これが自分たちのやりたいことなんだってやってる人に共感したこともあって、なんか応援したい気持ちになったんです。

二〇〇〇年のキリマンジャロだったかな。近藤さんと一緒にアドベンチャーガイズを作った古谷さんと一緒に行きました。近藤さん以外の人と海外へ行くのは初めて。サファリも地平線もすごく感動しました。上昇気流がないから、雲の下のラインがギザギザじゃなくてスパッと切れてるんです。

それ以来、顧客ではあるんだけど、で

きるだけ他の隊員も登頂できるようにサポートするような立場にまわるようになりました。

そこからかな、ポツポツつきあいが始まったのは。

最初に近藤さんと行ったネパールでは、「和夫さん、元気だからとっとと先行ってて」って言われた。そんな扱いですよ。

ヨーロッパでも、一人高所に慣れていない女性がいて、アイゼンをつけるのもそれが初めてぐらいだったから、近藤さんはその子につきっきり。だから僕がなんとなくサポート役にまわっていました。

楽しい、それが彼といる時の感覚

私は彼の顧客の中で一番ユニークだと自分でも思っています。山の世界をまったく知らないで飛び込んだことも含め。そんなやつを登らせてくれる近藤謙司って本当にすごいと思いますね。そういうところが彼を超一流っていわせるゆえんだと思うんです。

近藤さんを観察していると、危険な時に理にかなった動きをするんですよね。山に行くと彼が先頭を歩くことが多いんですが、敷石とか、石がごろっと転がってるのをさりげなく拾ってどけています。だからそういうのを自分でも後から来る人のためにマネして実践しています。

どうしていつも彼に申し込むか。う〜ん。なんていうか、彼といると楽しいんですよね。

近藤謙司をこれだけ信頼してくれるクライアントもそういないと思いますよ。まあ、応援しようと決めて信じ込んでいる、という部分も多いかな。僕は専門家の意見は素直に聞いた方が得だと思っているクチだから。

例えば南極大陸の旅なんていうと、一〇〇万単位でお金がなくなっていくわけですよね。それだけ払っているんだから、ガイドの意見を聞かないと損。

彼は楽しみながら、前向きな気持ちをしっかりとサポートできる人だと思っています。苦しそうなお客さんのことを精一杯ケアしている。かがんで紐を結んであげるなんてこと、なかなかできることじゃないですよ。一つひとつの動作に本当に重みを感じるんですよね。

その人の性格、体力、いろいろなものを嗅ぎ分けて、今この瞬間どうケアしたらいいのかがわかる人なんです。

多分潜在意識のキャパシティーが大きいんじゃないかなあ。

近藤さんは、危ないと思えば怒鳴ることもある。

人を動かすっていうのは、目に見えない潜在意識、意識の上にのぼってこない潜在意識の働きによるものですからね。

キャパシティが大きく、状況を受け入

れる力も大きいと思うけれども、更に相手を動かすところまでいくわけです。ただ受け入れるだけじゃない、さらに能動的に「やろう！」っていう風に刺激をあたえられるところがすごい。

まあ、一言でいうとお人柄っていうところですけどね。人のためってみんなどこまで思っているかわからないですけど、多分近藤謙司の場合は、それが大きいんだと思います。それが相手に伝わるんだと思うんですよ。

潜在意識のキャパシティ

チョモランマから下山して食事したときのこと。登れなかった人たちも登らせてもらった人もみんなが一緒にいた。

だから「万歳！」っていう状況じゃなかったんです。

そんな中、ベテランの山岳会に入っているような人が近藤さんに「素人を連れていっていいのか」っていう問いかけをしたんです。その時彼はこう言った。「あそこを、A級ライセンスを持った人間だけが走れるような道路にしたら、今よりもっと事故が減るかもしれない。でも僕は、エベレストを普通免許を持っているだけの人でも登らせてあげたいんです」

人を選別しないで受け入れて、さらにやる気にさせるところまで持っていく。それが彼のすごいところです。

それからもう一つ。僕はその場にいなかったのでどういう言葉使いをしたかはわからないんですが、エベレストの上部キャンプでのこと。

「ここで自分は降りる」って言い出した人がいたそうなんです。なんで降りたいと思ったのか、しっかり情報を掴んでいないんですが、何か登山道具をなくしてしまったようで。その人は「そんな大事なものをなくすようなやつは登る資格はない」と自分で思ったようで、「降りるのはクライアントである僕が決める権利がある」って言った。確かにそれはその人のポリシーとして一理あるんです。でも近藤謙司はその時こう言ったそうです。

「上に登る登らないは、ガイドである僕が決める」って。

そのお客さんを登らせて無事下山させる。その自信と覚悟がそうさせたんでしょうね。そう言われた人は、その人ならその道具がなくても登れると信じてもらえたことで、心理的に力が出るということもありますよね。

ネガティブなこと、普段はきっと思わないんです。でも、停滞に停滞を重ねちゃったりすると、だめ。その人もそんな思考に陥っていたんでしょう。

ひたすら行動している時は動かないといけないからネガティブなことを考える暇がないんですが、ポイントポイントでそういう思考が顔を出す。そんな時の近藤さんは強いんです。

相手を緊張させない、構えさえない

どこがいいとか、あまりうまく言えないですけど、彼と接していて「構える」必要がまったくない、そういう雰囲気を持っているのはすごいなと思います。

彼はちょっといい加減なところがありますし、時々「なんだよっ」って思うこともあるんですが、接する段階から緊張しないで済む、というのは彼の本当にいいところ。

「ガイドさん相手に、こういうことききたら笑われちゃうかな」とか「専門家にこんなこと聞けないなあ」って思わなくていい。

まあ僕自身、ガイドの使い方がめちゃくちゃうまいんだと思います（笑）。とにかく彼を最大限活用している。

サポート側にまわることも多いんですが、僕ほどよく指示をきくクライアントはいない。平岡竜石さんという近藤さんのお仲間がいるんですが、アンデスの六〇〇〇ｍから帰ってきて一言。

「和夫さんほどやりやすいクライアントさんはいない」「俺より深呼吸繰り返してくれる」って。言われたことをやるやらないは自分次第だけど、高所順応がどれだけできたか、その結果に雲泥の差が出る。

もちろん、僕はとんでもないことも言うんです。「今日さあ、あそこまでの高所順応の予定なんだったら、俺ジョギングシューズで行っていい？」とか。

近藤さんは内心「なんだこいつは〜」って思ってるかもしれないけど、「う〜ん。まあでも途中ちょっとぬかるんでるかもしれないから、トレッキングシューズの方がいいかもしれませんね」ってやんわり対応してくれるから、「はい、わかりました〜」って素直にきける。そういうキャッチボールを気負わずできるところがいいですね。

人と人を繋ぐ雰囲気作り

一緒に登る人たちは一つのチームですよね。ある地点からある地点までは二手に別れる場合もあるけど、それでも全体のチームワークが必要になってくる。そのチームワークを構築する雰囲気をうま〜く作ってくれるのが近藤謙司。だから彼と一緒に行った登山で、嫌な思いをしたことがないんです。

私自身が未熟だから、「え、この人と一緒かあ」なんてつい思ってしまう人がいなくはなかったんですよね。それでも近藤さんたちといると、途中ちょっとした行き違いはあっても喧嘩状態には絶対にならない。そして帰ってくる頃には、「ああ、みんないい人だったよなあ」って思っている。

近藤さんを見ていると、小さい頃から親御さんたちにたっぷり愛情を注がれながら育ってきたんだろうなあって感じます。だから自己肯定感が強いんだと思う。

自己肯定感が強い人は、人から多少ネガティブなことを言われたとしても悪くとらないですよね。自分を攻撃されたという風にとらない。

すばらしいご家庭に育ってきたな、と思います。物事を斜めからみたりすることのない人ですから。

まあ、甘えるのはうまいですけどね。甘ったれ。でも決してわがままだったり傲慢なところはない。

自己肯定感があるから、相手を信じることもできるんでしょうね。

山にハマるというより近藤謙司にハマった？

私は近藤謙司が独立して一番最初のツアーに参加したんですが、これが第二回のツアーだったら参加してなかったかもしれません。

「近藤謙司の初めてのクライアントになってやろう」っていう気持ちが強かったですね。

近藤さんの経験値を高めるための役に立てばという気持ちもあったかな。

ほんと、私ほど山に影響されていない人もいないと思うんですよ（笑）。行ってはまって次から次へっていうのがない。

その証拠に、行く度に山道具を全部近

藤さんたちにあげちゃうんですから。ツアーに行くきっかけが「ああ、一生に一回でいいからここに行ってみたい」という思いからだから。まあ、そう言いながらその後も何回かいっちゃんだけど、その時は本当にこれで最後だって思うんです。

二〇〇二年に初めて行って、その次が二〇〇四年。年間九回海外旅行に行ったこともありました。

山旅だけで数えると、南極大陸、チョモランマ、アラスカのマッキンリー、オーストラリア……随分登りましたね。でも近藤謙司がいなかったらセブンサミッツもやってなかったと思います。

実は南極大陸に行った時は、チョモランマを視野に入れていたからなんです。チョモランマから帰って一週間ぐらいでマッキンレーへ。そこまでは最初から計画していました。そこで終わる可能性が高かったんですけど、結局その後も行っちゃいましたね。

なんだかんだで、スポンサーがついたりするから、ダウンジャケットなんかは残したりしてますけど、それ以外のピッケルなんかの道具は全部あげちゃう。それを大事にしてくれてるみたいで、山の雑誌に、「預かりものです」って紹介してくれたりね。近藤謙司らしい表現です。さりげない心遣いですよね。

僕は一応きちっとしてるって言われてて、近藤さんとは違うんだけど（笑）、なんか合うんですよ。価値観が合うとするならば、人の気持ちに応えようという気持ちを持っているところが似てるかも。彼の方がすごく広いし大きいんですけどね。

自分が参加していない時も応援したくなる、それが近藤隊

二〇〇五年だったかな。その後のチョモランマも一生懸命応援しましたけど、あのチョーオユーの時は応援に相当気合いが入ってました。できれば現地に行ってあげたいぐらいの気持ちだった。

自分が参加しない時は、みんなを見送りに成田に行くこともあります。それぐらい応援したくなるんです。

だって、やっぱり一世一代のすごいことだし。七〇〇〇m超えるとやっぱり違うんです。六〇〇〇mだってすごいんだけど、それを越えてさらに八〇〇〇mまでいくと、これはもうデスゾーンに入っていくわけですから。

私も弁護士さんに頼んだ正式なものじゃなかったけど、何かあった時のために、過去三回遺書を書きました。家族に「もしなんかあったら、机のここに入ってるから」って言い残してね。行く前はやっぱり多少は考えますよね。死というものを。

ほんと、つくづく思うんです。人ってなんで山に登るんでしょうね。遠いとこ

ろに行って辛い思いをして。

「正常性バイアス」という言葉がありますよね。例えば、人は急に地震がおこると「死ぬかもしれない」って思うわけです。そう思うとき、そこに正常性バイアスが働いているから、鬱病にはなんないんです。どんなに危険な場所に行っても「俺だけは絶対に大丈夫」っていう境地になって「俺が山で遭難なんかするわけがない」という興奮状態に入るわけです。そういう心理状態を「正常性バイアスが異常更新している」と言います。

　人間、それがないと絶対にあんな所には行けないですよ。

　チョモランマに登った後、チョモランマに関わった人の中で、そのシーズンに飲み込まれた数がだいたいこれぐらい、登頂した人の数はだいたいこれぐらいって聞かされるんですけど、「え、それ先に行ってよ」っていうぐらいの数の人が実際に山に飲みこまれている。そりゃあ、正常性バイアスが異常更新してないと行けない。

　まともな考えじゃ無理。もちろんそれだけじゃない。スキル、その時の体力、どういう人たちと登ったか、色々ある。

　知っている人には本当は行って欲しくないんですよね、エベレストは。これが本音。実は自分が行くのは平気なんですよ、不思議と。

　アドベンチャーガイズのブログでは、もちろん一生懸命応援していますけど、心の中では「ベースキャンプで天候が崩れに崩れて、取りやめにならないかなあ」なんて思ったりします。お金と時間かけて行っているわけだから、行っている人には申し訳ないんだけど、そんなことを思ってしまう。

だから最近のブログには、応援はするけれど、「しっかり頑張って」というコメントは絶対に書かない。「登頂おめでとう」と書いたのは、チョモランマが最後。それ以降は「無事下山を」だけです。

最後まで一緒に行かないにしても、サポートをすることで少しでも近藤さんに余力ができて、それが少しでもみんなの安全に繋がるんだったら、いくらでもサポートに駆けつけたい。そう思わせる魅力を近藤隊は持っているんです。

私自身はスケールの小さい人間だから、山に行っちゃうと精神状態が崩れたりすることもあるけれど、自分でできる範囲でサプリメントを渡したりマッサージしたり。実際に行った時には現場で色々やりましたね。

とにかく長丁場ですからね。一日二日が勝負というだけじゃなくて、そこに到達するまでにどれだけ余力があるか、そういうのも大きいんですよね。

スポットスポットで、ふっと気持ちが萎えたりするポイントがあるんです。

チームを組んで行きますから、いろんなところで誰かしらが不調になる。そういう中で、ちょっと私がマッサージすることで、体調や精神的にささくれてしまっている部分が和らげられたらと思うんです。

僕が鍼灸学校で鍼灸指圧のコースに通い資格をとったのにはワケがあって。ずーっと前にさかのぼるんですけど。ホノルルマラソンに参加した時、ものすごく体が辛くて終わった後にマッサージのサービスを受けたんです。どれぐらいやって頂いたかは記憶にないんですけど、それにすごく助けられて「もうやめていいです」って言えなかったぐらい。

帰国後、その時のことを思い返して、「マッサージで人の役に立てるかもしれない」という思いがあって。

マラソンを始めると人体生理学とかいろいろなことに興味が湧いてくるんです。血液組成がどうなのかとか、サプリメントをどういうタイミングでどういう風にとると効くとか、トレーニングをやった後の休息ってどうするといいのか、とかね。

これをやっておいたおかげで、山の旅でもお役に立てて嬉しいんです。

11 目的は達成できたのか。そしてこれからのこと。

ライフワークとライフワーク

僕がライフワークとして一番大切にしたいのは、大好きな自分のお仕事である山岳ガイドの社会的地位を高めるということ。これはもう公私関係なく。今現在頑張っている山岳ガイドの先輩、同僚、後輩のためにも、これから山岳ガイドになりたいと思っている若者のためにも。

実際スイスとかヨーロッパでは、山岳ガイドの地位は非常に高い。東洋人で国際山岳ガイドって本当に珍しいみたいで、あっちへ行くとものすごく驚かれる。

ネパールでも登山家（特にエベレスト登頂者）や山岳ガイドは尊敬されている。レストランにいると「エベレスト登った人誰？　この中の誰？」ってきかれて、「僕」って言うと、「わあ、すごい！　話聞かせて聞かせて」って声を弾ませながら、いっぱいごはんを出してくれる。「お代はいいよ」って。はじめからメニューにエベレスト登頂者は無料と書かれている店もある。カトマンズの空港のビザ取得カウンターで、お客さんの高田さんが係員から「君はエベレストサミッターなのか？」って言われ、一緒に記念写真を撮られたこともある。

欧米の人は、頑張っている人を応援しようという気概を持っている人が多い気がするし、ネパールでもそれを感じた。

僕がマッキンリーに登ってアンカレッジから帰る飛行機の中で、CAさんが「真っ黒に日焼けしてるわねえ。どこ行ってきたの？」ってきくんで、「いやあ、マッキンリーに登ってきたんですよ」って言うと、「わー。すごいわね」って言ってくれて、しばらくすると機内アナウンスが流れた。「みなさん。今日搭乗している日本のグループが、デナリ（マッキンリーの別称）に登ってサミットしてきたのよ」って。みんな「お～っ」って湧いて機内中で拍手が起こってすごく嬉しかった。その時に参加した隊員たちの照れてる日焼け顔を見ていたら、なんだかウルウルしてきちゃった。

そういうの見てると、変な自慢じゃなくって、もっと自分が何をやったかっていうのを自分からアピールしていかないといけないなあと思う。

WOWOWの取材でエベレストに行った時も、一緒に登った高田さんが「PRAY FOR JAPAN」の旗を持って首から募金箱をぶら下げて歩いていたら、タイ航空のCAさんが、「私たちがやるわよ」って言って機内じゅう箱を持ってまわってくれた。みんな募金してくれて、ちっちゃい子もしてくれてすごく感激した。

タイやネパールは、ドネーションに対する習慣があるということもあるけれど、「前に日本に助けられたから、今度は私たちが助ける番よ」って思ってる人が多いと聞く。日本が今までにしてきた海外援助に感心する。

ちなみに、アメリカのお金持ちはすぐには入れない。「このお金の行き先はどこへ？」「カードで払えるかい？」などなど、ドネーション文化が浸透しているだけに目が厳しいというか。

あの時は地震の直後で選択肢もそんなになかったから、とにかく何ができるかって考えて日赤を通じての募金をしたわけだけど、その後、元プロ野球の工藤公康投手と夕食を食べる機会があったときに、「せっかく募金活動をしても、どこにどうやって寄付するかを具体的に絞って決めてやらないと、なかなか子どもたちに文房具が行き渡らないんだよ」って言われて考えさせられた。彼は石巻のボランティア活動を熱心にやっていたから。自分に縁のある所を決めて、そこに直接支援をすれば良かったのかもと。

まあ、でもあの時はたまたま国際的に知られている日赤でよかったかな。「レッドクロス（日赤）」はみんな知っているから外国人でも理解してもらいやすかった。

そして、WOWOWというテレビ番組が、黒川隆史さんというディレクターが僕という存在に目をつけたことで、一緒に登ったモコパパの生き様、久美ちゃんの生き様、亡くなった尾崎さんの生き様を伝えることにも繋がった。

こうやって、少しずつ、国際山岳ガイドの存在を知ってもらう活動がしたい。そしてゆくゆくは、山岳ガイドを国家資格にしたい。

国家資格にするには、構成員が二〇〇〇人規模以上にならないと検討に取り上げてもくれないらしく、今はまだ一〇〇〇人ぐらいだから、頑張らないといけない。

まずは、「公益社団法人」になったので、そのための活動をしていかないといけない。

今、ガイド協会では公益事業として「百万人の山と自然」という活動をやっていて、僕も講演活動などでお手伝いをしている。登山ブームが追い風になって若者の人口も増えている。僕たちが大先輩たちの遺志をしっかりと受け継いで、若い人たちを巻き込んで、次に繋げていかないと。

今はユーキャンみたいな通信教育で「アウトドアインストラクター」や「森林インストラクター」の資格が取れる時代。

これらはまだ民間レベルだけれど、いずれ国民みんなが取りたいと思うようになれば国家資格化が検討される。

それらがもし「自宅でも取れるし」なんていう手軽さもあって、人口を増やした場合は、山岳ガイドとの競合になってくるかな。

実は国家資格というのは、一つのジャンルで一つの資格しか与えられないらしいから、他の団体に先に国家資格を取られてしまうと、滅多なことでは他は資格化されないらしい。

そうなると極端な話だけれど、森の中を歩いて山を登ろうとしても、「資格がないんだから通らないで下さい」とか「森林の説明を無資格者がしないで下さい」なんてことになりかねない。だから山岳ガイド協会は早急に事を進めている。「そんな団体は協力して全部一緒にやっちゃえばいいじゃん」って言われるんだけど、管轄省庁が違ったり、勉強内容などが違うから、簡単に合体はできなくて、悩ましいところ。

スキーを愛好する人が、そのうちに検定を受けて一級を取ったり、指導員の資格を取ったりするでしょ。ガイドもそのぐらいの数になったら素晴らしいだろうな。山を始めた人の多くが、自分の知識を高めるために、安全を高めるために、ガイド資格を取得する勉強をしていくようになったらいいなと思う。

山岳ガイドという職業に大きな将来性を与えたい。

山岳ガイドをポピュラーに

僕の娘が小さな頃、「お父さん何してる人なの?」っと聞かれて、娘が「山登ってる人」って答えると、「それはねぇ、趣味でね。お仕事って言わないのよ」って言われて帰ってきた。

パパはいったい何をやっている人なんだろう? と娘も子供心に複雑なものがあったかもしれない。でも一般的には「山に登っている人」からの連想ができないんだよね。もしかしたら「野球やってる人」だったら、プロ野球の選手かもしれないって連想できたかもしれないけど。

そんな連想を誰もができるようなポピュラーな職業に山岳ガイドの位置づけをしていきたい。ガイドの資格を国家資格とし、医者や弁護士のように「命」を預かる仕事として、社会的権威のあるものにしたい。そして、野球選手やサッカー選手のように、子供たちが将来なりたい職業のトップテンの中に入って欲しいと思う。

スイスやオーストリーでは、すでに子供たちのなりたい職業の上位に山岳ガイドが入っている。日本も充分に、世界に誇れる山岳地形を持っている国である。その国の子供たちの憧れの職業に僕はしたい。

「おじいちゃんて山岳ガイドだったんでしょ？　すげーなー。」って孫に言われることを夢見て。そして、それを横で見ている娘が、「そう『山に登っている人』だよ」って笑って話している。そんな光景を夢見て。

目立ちたがり屋と言われようが、異端児と言われようが、神聖な山を職場にしていると言われようが、僕はガイドを続けていくし、ガイドになりたい人の力になりたいし、ガイドを必要としている人に手を差し伸べたい。

エベレストへも、そこにその山が世界一の高さで存在している限り、ガイドをして、コーディネートをして、登りたい人のサポートをしていこうと思っている。

エベレストは特別な登山家のものではないし、ヘタレ登山家が生き方をアピールする場所でもない。そして、最年少記録や最高齢記録、タレント登山家がドラマをつくる舞台でもない。この山は何も望んでいない。ただそこにあるだけ。だから、どんな人でも登っていい。スタイルや理由や意味なんてどうでもいい。自分のやりたい夢の象徴であって欲しい。

誰にでも心の中にその人のエベレストがありますように。

「エベレスト登れます。」

ヨーロッパ・メンヒにて。
山岳ガイドになってみませんか？

あとがきにかえて――日本人女性十二番目の登頂裏話

実は川崎久美子ちゃんとのエベレスト登頂には後日談がある。

登頂直後、僕は無線で感動的なセリフが言いたかったのに、チェパに先を越されて、なんとなく熱が冷めてしまい気の聞いた一言目が出なかった。無線の相手はタカちゃん（高田さん）。優しい落ち着いた声で「おめでとう」と言っている。西より雷を伴うような大きな雲が近づいているために早めの下山が必要と伝えられた。途中の中継地でも日本の気象予報士・猪熊くんからAGオフィスに再三にわたって暗雲が近づいていると焦った電話がかかってきていたらしい。

それでも僕は、酸素マスクを外し、一通りBCと会話していた。高ちゃんは「会話が聞こえているであろう」クミちゃんに下山のアドバイスや応援のメッセージを続け、それを聞いてたクミちゃんはマスクを外せないために、うんうんとうなずいている。タカちゃんにはその様子が伝わらないだろうから、僕はその代わりにクミちゃんの声色を真似して「は〜い」とおちゃらけて返事をした。そして更に調子に乗ってタカちゃんのねぎらいの言葉に対して、全てクミちゃんの物まねをして返答を続けていた。

タカちゃんは、その声を本当にクミちゃんだと思っていて、感動の会話をしていたので僕はタカちゃんにあとから怒られることになる。BCから離れていた場所で撮影をしていたカメラマンのコマッチャンは「どう聞いても近藤さんの声でしょ。分かってましたよ。」って言っていたが、BCでは興奮のあまりか、まさかそんな冗談は無いだろうと思っていたのか、誰もが疑わずにクミちゃんと思って感動の無線交信をしていたらしい。すぐに本当の声の主を明かそうと思っていたけど、なんとそれを言い忘れて下山に移ってしまったため、僕らが下山するまで、タカちゃんは俺の声をクミちゃんの声と思っていたらしい。タカちゃん、ごめんなさい。申し訳ありませんでした。改めて謝ります。

さて、その頂上の場面での続きを話そう。

山頂では、しばらく、呆然としていたようにも思えるが、きっとたった数分間の出来事なのだろう。山頂に見えていた人影はチベット側から登頂してきた外国人三人組。僕らが登頂してから間もなく、彼らは僕と握手をし、他のメンバーに軽く会釈をするようなジェスチャーをして中国側へ下山をしていった。かなり急な稜線を歩いて下って行ったけど、二〇〇六年に当時の世界最高齢登頂者となった荒山さんと登頂したときは、ネパール側の稜線を見て「ずいぶん急な稜線なんだなぁ」と思ったことがある。彼らは、イタリアから来たと言っていた気がするが、その後姿はかなりヨロヨロとしていたように思う。余計な心配するなと言われそう。僕らも彼らから「かなりヨロヨロとした日本隊がネパール側から上がってきたよ！」って言われていたかもしれないしね。

僕らはザックを下ろし、AGの旗と「PRAY FOR JAPAN FROM EVEREST」の旗を取り出し、記念撮影をはじめた。既にネパールスタッフたちは、お経の札「ルンダ」やシャンボチェという土地のお坊さんから貰ったカードなどを持って、それぞれのポーズで記念撮影を始めている。クミちゃんは山頂の雪の膨らみに腰掛けていて動けないでいるので、スタッフを周りに囲むように配置してフラッグを掲げて記念撮影をした。僕がクミちゃんのサングラスをはずしてあげると、彼女の目からは涙がこぼれていて、それが頬の上で凍り付いていた。それが感動の涙だったのか、寒さや風によるものだったかは分からない。しかし、彼女の目からはまだ力強い眼光があふれていて、下山でもしっかりと歩けるパワーが残っていると確信が持てた。

カメラマンの平出がプローブ（雪崩用のレスキューポール）の先に超小型高性能カメラ「GOPRO」を装着して、山頂直上二m五〇cmの位置からシャッターをきった。間違いなく世界で一番高いところから写した山頂の写真。山頂より高い所から見下ろしている写真。

そしてそれは、登頂メンバー全員が写っている貴重な写真となった。

「エベレスト、登れました。」

そこには沢山の大きな努力と支えてくれる多くの人の力がありました。

みなさん、本当に応援ありがとうございました。

制作を終えて

川崎久美子さんが登頂した二〇一一年のエベレストの時にドキュメンタリー番組の撮影隊が同行し、その番組が同年の夏に、そして再編集されて秋に特別編として放送された。タイトルは「エベレスト、登れます。」。WOWOWが三つのチャンネルに増えるタイミングで、特別編は「文化庁芸術祭参加作品」となるほどの熱の入れようだった。

その番組をたまたま産業編集センターの河原靖恵さんがご覧になり、編集担当となった松本貴子さんと共に私に興味を持ち、今回の本をつくるきっかけを作って下さった。

登山の技術書ならば、三冊も発刊しているので勝手が分かっていたが、自叙伝的な、生い立ちを披露するようなものを書くのは初めてで、こんなものを人様が買って下さるのかと、今でも不安でならない。

ただ、この本を書くにあたって、たくさんの人たちの協力を頂くことになるのだが、幼少期の話や父の偉業などを書き留めるために、両親と改めて昔を思い出し、歴史を振り返ることができたことがとても嬉しかった。

しかし、残念ながらこの本が出来上がる前に父が他界。二〇一三年のエベレストに出発する三日前が葬儀だった。闘病がまだまだ続くと思っていたのだが、僕がいない間では家族に迷惑がかかると思ったのだろう。最後の最後まで甘えてしまい脛をかじらせて貰った。この本を両親に届けることが親孝行につながるとも思ってやってきたのだが、悔やんでならない。

親孝行したいときに親はなし。

義兄の良明は余命半年を宣告されてから一生懸命頑張った。日本初のエベレスト公募登山隊が成功して帰ってくるまで。まるで僕の帰国を待つように逝った。医者の言う余命期間の三倍は生きただろう。その義兄の話も書き留められて本望である。

自分の人生は、人とのつながりで成り立っていた。たくさんの人に支えられて今があると強く認識している。ふふんと笑われそうだが、まだまだこれから歩まなければならない道がはるか続いており、その恩返しを人様にしながら、感謝しながら生きていくべきと思ってはいる。しかし、なかなか……。

このような本が出版できて、身に余る光栄を感じるとともに、自分の歴史を書きとめるなど、青二才の上、はなはだ世間知らずでお恥ずかしい限りである。

それでも、そんな事はないと説き、僕をその気にさせてくれ、最後の最後まで根気よく腹も立てずにお付き合い下さった女神様のような編集担当者、松本貴子さんに感謝すると共に、二人の明るいお子さんがすくすくと育つように祈りたい。また、打ち合わせに場所を提供してくださったギャラリー・アシエットさん、本のタイトルに「エベレスト、登れます。」というWOWOWの番組タイトルをそのまま使わせて下さった黒川隆史ディレクター、コメントを寄せて下さった高橋和夫さん、高田邦秀さん、川崎久美子さんにも感謝。

本の表紙の写真は、さんざん嫁と娘二人にダメ出しをくらってやっとOKをもらえたのがスイス在住のカメラマン矢嶋裕二くんの撮ってくれた奇跡のショット。その他の写真も過去の様々な場面でスナップ写真を撮って下さった皆さんのおかげ。

そして、アドベンチャーガイズを本当の意味で支えてくれている古谷聡紀くんをはじめとする歴代スタッフのみんなと、一五歳より私の傍に寄り添ってくれた妻と、穏やかな風を届けてくれる二人の娘に感謝しきれない。

ありがとう。

二〇一四年三月　八甲田山中にて

国際山岳ガイド　近藤　謙司

苗場・三国峠にて。
妻・久美子、長女・梢恵、次女・楓と。

エベレスト、登れます。

2014年4月21日　第1刷発行

著者　近藤謙司

ブックデザイン　新井大輔

地図製作　新井梨江

カバー写真　矢嶋裕二

発行　株式会社産業編集センター
〒112-0011
東京都文京区千石4-17-10
TEL 03-5395-6133
FAX 03-5395-5320

印刷・製本　株式会社シナノパブリッシングプレス

ISBN978-4-86311-093-9 C0095